Susanne Franke • Stefan Hackl

Die Wahrheit
über Pumpernudel

W0070456

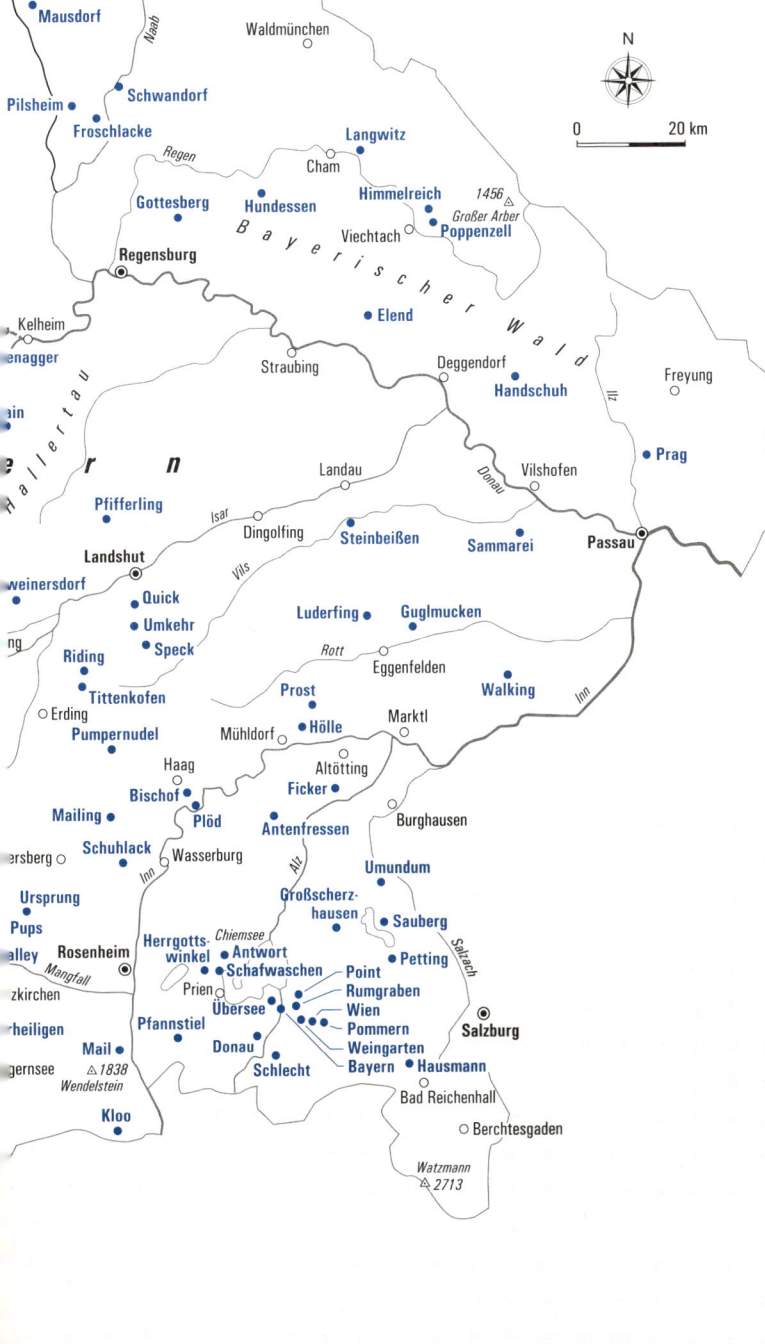

Susanne Franke
Stefan Hackl

Die Wahrheit
über Pumpernudel

111 kuriose Ortsnamen in Bayern
und was sie bedeuten

Mit 9 Fotos und 6 Abbildungen

nymphenburger

Für unsere Eltern und Ehepartner

© 2010 nymphenburger in der
F. A. Herbig Verlagsbuchhandlung GmbH, München.
Alle Rechte vorbehalten.
Schutzumschlag: www.atelier-sanna.com, München
unter Verwendung eines Motivs von Anfor, Fotolia
Herstellung und Satz: Ina Hesse
Gesetzt aus: 10,8/13,7 AGaramond
Druck und Binden: GGP Media GmbH, Pößneck
Printed in Germany
ISBN 978-3-485-01317-8

www.nymphenburger-verlag.de
www.namenforschung.uni-regensburg.de

Inhalt

Vorwort

111 kuriose Ortsnamen in Bayern haben wir für Sie ausgewählt – alles Zeugnisse der kulturellen Vergangenheit des Freistaats, bei denen der erste Eindruck in den meisten Fällen täuscht. Oder glauben Sie etwa auch, dass der Ortsname *Speck* vom Schweinebauch kommt, der Name *Katzenhirn* sicherlich ein Versehen ist, es in dem Ort Schabernack besonders lustig zugehen muss oder in Pups … – nein, nicht wirklich, oder? Was stimmt und was nicht – Namenforscher bringen uns auf den richtigen Weg.

Diese Spezies der Sprachwissenschaftler kann die Bedeutung von Ortsnamen mitunter bis ins frühe Mittelalter zurückverfolgen. Viele Ortsbezeichnungen klingen heute zwar häufig so, als hätte ein echter Bayer sie sich vor nicht allzu langer Zeit ausgedacht. Doch bei genauerem Hinsehen stellt sich heraus, dass hier viele Namen u. a. auf frühneuhochdeutsche, mittelhochdeutsche, althochdeutsche, slawische, manchmal sogar auf germanische oder gar indogermanische Wurzeln zurückgehen. Aber warum haben sich die Ortsnamen im Laufe der Jahrhunderte verändert? Und wie ging diese Wandlung vor sich? Rein mit unserem heutigen Sprachverständnis sind die Schriften der früheren Zeit nicht mehr zu verstehen. Da muss der Fachmann ran, um die Namenentwicklungen geschichtlich nachzuverfolgen, mit all seinen sprach- und lauthistorischen Kenntnis-

7

sen – und nicht nur mit denen: Auch sein detektivischer Spürsinn ist gefragt.

In diesem kleinen bayerischen Kulturführer der etwas anderen Art öffnet die wissenschaftliche Namenforschung für Sie ihre Schatztruhe – mit zumeist erstaunlichen Ergebnissen, auch für die Profis. Was ein Namenforscher alles durchmachen muss, bis er zu einem gesicherten Resultat gelangt, oder wie sehr er mit Wahrscheinlichkeiten arbeitet, das erfahren Sie im Interview »Durch das Labyrinth der Namenforschung«. Denn jeder einzelne der hier aufgeführten 111 kuriosen bayerischen Ortsnamen muss für sich untersucht werden, um zu einem wissenschaftlich korrekten Ergebnis zu gelangen. Existieren mehrere gleichlautende Ortsnamen in Bayern (beispielsweise gibt es den Ort Speck jeweils in den Landkreisen Altötting, Landshut sowie Bad Tölz-Wolfratshausen), haben wir uns mit einer fundierten namenkundlichen Analyse beispielhaft auf einen oder zwei dieser Namen beschränkt, die restlichen finden Sie der Vollständigkeit halber im Ortsnamenregister am Ende des Buches.

Uns hat das Nachfragen, Weiterforschen, Durchstöbern und Analysieren sehr viel Spaß gemacht – den wünschen wir Ihnen genauso beim Lesen und Schmökern, aber auch beim Weiterrätseln, was andere Ortsnamen wohl so bedeuten mögen …

Ihre Susanne Franke und Ihr Stefan Hackl

Kleine Gebrauchsanweisung

Ein sprachwissenschaftliches Glossar

Vorweg zum besseren Verständnis und gegebenenfalls zum Nachschlagen – eine kurze Einführung in einige Fachbegriffe und Zeichen der Sprachwissenschaft, die bei Ortsnamendeutungen unerlässlich sind und in diesem Buch Verwendung finden:

Indogermanisch
Rekonstruierte historische (vorantike) Sprachform, aus der u. a. das Germanische hervorgegangen ist.

Germanisch
Rekonstruierte historische Sprachform der Antike, aus der u. a. das (Althoch-)Deutsche hervorgegangen ist.

Althochdeutsch
Sprache in Süddeutschland und angrenzenden Gebieten (u. a. Österreich, Schweiz) in den Jahren zwischen ca. 750 und ca. 1050 n. Chr., die älteste schriftlich bezeugte Stufe der deutschen Sprache, noch nicht einheitlich, viele Stammesdialekte mit fließenden Grenzen, z. B. Alemannisch, Bairisch, Fränkisch.

Mittelhochdeutsch

Sprache in Süddeutschland und angrenzenden Gebieten (u. a. Österreich, Schweiz) in den Jahren zwischen ca. 1050 und ca. 1350, erste Form einer Art schriftlichen Gemeinsprache, stark standes- und zeitgebunden.

Frühneuhochdeutsch

Sprache in Süddeutschland und angrenzenden Gebieten (u. a. Österreich, Schweiz) in den Jahren zwischen ca. 1350 und ca. 1650, mit der die Entwicklung hin zur heutigen deutschen Standardsprache einsetzt.

Neuhochdeutsch

Heutige deutsche Standardsprache (seit ca. 1650).

Bairisch

Sprachwissenschaftliche Bezeichnung (mit *ai*), die sich nicht auf bayerische (mit *ay*) Länderspezifik, sondern vielmehr auf den bairischen Dialektraum bezieht, der sich in seiner gesamten Ausdehnung von West nach Ost auf ein Gebiet vom Lech und Arlberg bis zum Neusiedler See sowie von Nord nach Süd auf ein Territorium vom Fichtelgebirge bzw. Vogtland bis zur Salurner Klause im Südtiroler Etschland erstreckt und demnach nicht mit den Landesgrenzen des Freistaates Bayern gleichzusetzen ist.

Beiname

Zusatz zum Rufnamen seit etwa dem 11./12. Jahrhundert, um eine Person näher zu charakterisieren und gegenüber anderen Personen mit gleichem Rufnamen eindeutig zu identifizieren; wenn der Beiname sich über mehrere Generationen hinweg beständig vererbt hat, konnte daraus ein Familienname entstehen.

Belegreihe

Aneinanderreihung von historischen Namenschreibungen und des Jahres der Nennung, wie sie in den Überlieferungsträgern (beispielsweise in Urkunden, Besitzverzeichnissen etc.) zu finden sind, als Grundlage einer Namendeutung, z. B. Belegreihe für den Ort, der heute *Pumpernudel* heißt: 1450 *Pumperluren*, 1820 *Pumperundeln*, 1832 *Pumpernudel*.

Bestimmungswort

Erster Bestandteil einer Wort- bzw. Namenszusammensetzung, bei der das erste Glied (Bestimmungswort) das zweite Glied (Grundwort) näher bestimmt, z. B. *Wetter-* in neuhochdeutsch *Wetterkarte* oder *Bier-* im Ortsnamen *Bierdorf.*

Grundwort

Zweiter Bestandteil einer Wort- bzw. Namenszusammensetzung, z. B. *-dorf* im Ortsnamen *Bierdorf.*

Entrundung

In der Mundart häufiger Lautwandel bei gerundeten (= durch Lippenrundung gebildeten) Vokalen (wie *ü* oder *ö*) bzw. Zwielauten (wie *eu*), der durch den Wegfall der Lippenrundung bedingt ist, z. B. *ü* (wie in neuhochdeutsch *Glück*) wird zu bairisch *i* (wie in *Glick*) oder *ö* (wie in neuhochdeutsch *böse*) wird zu bairisch *e* (wie in *bes*) oder *eu* (wie in neuhochdeutsch *Leute*) wird zu bairisch *ai* (wie in *Lait*).

Latinisierung

Anpassung, Umbildung oder Übersetzung von deutschen Wörtern und Namen an/in die lateinische Sprache, vor allem im Hochmittelalter und in der Zeit des (Renaissance-) Humanismus im 15./16. Jahrhundert.

* Ein voran- und hochgestelltes Sternchen markiert eine erschlossene Form, d. h. die Form ist zwar nicht belegt, aber sprachwissenschaftlich zuverlässig rekonstruierbar.

› Einfache Anführungsstriche markieren Bedeutungsangaben von Wörtern und Namen.

Siedlungsbezeichnungen
in Bayern

Einöde
Ansiedlung mit ein oder zwei Wohngebäuden, es sei denn, besondere örtliche Verhältnisse rechtfertigen eine besser charakterisierende Bezeichnung wie etwa *Forsthaus* oder *Unterkunftshaus*.

Weiler
Ansiedlung mit drei bis neun Wohngebäuden. Ausgenommen hiervon sind Weiler, die Sitz einer Pfarrei sind. Für sie wird die Bezeichnung *Pfarrdorf* verwendet, das allgemein einen Gemeindeteil mit Sitz einer oder mehrerer katholischer und/oder evangelisch-lutherischer Pfarreien bezeichnet.

Dorf
Ansiedlung mit zehn oder mehr Wohngebäuden, für welche die Voraussetzungen zur Führung eines der Titel *Markt*, *Stadt* oder *Große Kreisstadt* (siehe unten) nicht zutreffen.

Markt
Gemeinde, die diese Bezeichnung nach dem bisherigen Recht führt oder der sie durch das Bayerische Staatsminis-

terium des Innern verliehen wird. Die topografische Angabe *Markt* hat nichts damit zu tun, ob dort überhaupt Märkte abgehalten werden oder genehmigt sind.

Stadt

Gemeinde, die diese Bezeichnung nach dem bisherigen Recht führt oder der sie durch das Bayerische Staatsministerium des Innern verliehen wurde. Die Bezeichnung ist unabhängig von der Größe oder der Siedlungsform. So trägt zum Beispiel Rothenfels mit etwas über 1000 Einwohnern genauso die Bezeichnung *Stadt* wie der Markt Garmisch-Partenkirchen mit rund 26000 Einwohnern.

Warum Bayern ein ganz ein besonderer Landstrich ist

Ja, das meinen die Bayern immer, dass sie auf einem ganz besonderen Fleckchen Erde leben – und dass die Menschen außerhalb Bayerns das nur bestätigen können. Oder was sonst nennt sich bitte schön typisch bayerische Idylle? Das Licht am weiß-blauen Himmel ist einfach heller als anderswo, die Landschaft in weiten Teilen des Freistaats lieblicher, der Freizeitwert enorm, und wenn man der Mentalität und Sprache der Einheimischen mal nähergekommen ist, dann geht es richtig zünftig zu. Wer lebt denn nicht gerne in einer Postkartenlandschaft?

Natürlich sind die Bayern nicht immer zu verstehen. Immerhin können in diesem Bundesland ganze sieben bayerische Bezirke bereist werden, in denen Menschen mit jeweils unterschiedlichsten sprachlichen Ausprägungen wohnen. Dabei gilt der Dialekt in Oberbayern gemeinhin als d e r bayerische Dialekt, wobei sträflich vernachlässigt wird, dass es noch viele andere Mundarten in Niederbayern und der Oberpfalz sowie in Franken und Schwaben gibt. Die Verständigung selbst zwischen Dialektsprechern aus unterschiedlichen Regionen Bayerns kann zwar mitunter schwierig sein, wenn man nicht auf die hochdeutsche Standardsprache ausweichen will. Doch kennen wir das nicht auch aus Baden-Württemberg, Ostfriesland oder

Sachsen? Da versteht der Fremde und mitunter der Einheimische aus einer anderen Ecke auch kaum etwas.

Wer sich einmal intensiver mit Mundarten beschäftigt hat, kommt wirklich auf den Geschmack. Genial an den Dialekten in Bayern ist unter anderem, dass man oft mit einem einzigen Wort gleich mehrere Dinge, Eigenschaften oder auch Gefühlslagen umschreiben und benennen kann. Ein *Binkel* im Bairischen zum Beispiel kann für ein Bündel, eine Gürteltasche für Wanderer und Bergsteiger bzw. für eine Umhängetasche stehen. Damit kann aber auch eine Beule nach einem Insektenstich, ein Gesichtspickel oder ein Stoß gemeint sein oder das Wort wird leicht abfällig für einen Kerl, Burschen bzw. Menschen (»feiner Binkel« oder »Zornbinkel«) benutzt.

Überhaupt, der Dialekt schweißt die Menschen zusammen. Er ist Ausdruck für ein kulturtraditionelles Lebensgefühl der Bewohner einer bestimmten Region. Zudem brachte eine PISA-Studie von 2005 ans Licht, dass durch das Dialektsprechen nicht nur die Sprachkompetenz, sondern auch die Auffassungsgabe und das abstrakte Denken in hohem Maße gefördert werden. Na, wer sagt's denn! So schlau sind die Bayern! Wenn also jemand meint, ein Bayer könne nie Bundeskanzler werden, sollte er sich mal vor Augen führen, dass die Bayern sogar die »Preußen-Sprache«, das heutige Hochdeutsche bzw. Standarddeutsche, wesentlich geprägt haben. Im süddeutschen Raum, vor allem in den Reichsstädten Nürnberg und Augsburg, hatte sich nämlich im 15. Jahrhundert und im ersten Drittel des 16. Jahrhunderts durch den Buchdruck eine allgemein verständliche Druckersprache zeitiger herauskristallisiert als anderswo, auch wenn später in dieser Hinsicht der ostmitteldeutsche Raum führend wurde, was zweifellos mit der dort ansässigen Person Martin Luthers und seiner Bibelübersetzung ins Deutsche zusammenhängt. Schließlich sollten sich dessen Reformideen möglichst weit verbreiten – und das konnte nur auf einem allgemein verständlichen sprachlichen Nenner, einer »Hochsprache« für alle, funktionieren. Vor diesem Hintergrund entwickelte sich neben den bestehenden unterschiedlichen Dialekten eine einheitliche Schriftsprache als Allgemeingut.

Dialekte spielen bei bayerischen Ortsnamen unter anderem auch eine Rolle, wenn auch nicht immer. Aber wie dem auch sei – die Ortsnamen im Freistaat, die haben es so oder so in sich. So ist es sogar ortsnamenkundlich erwiesen, dass der

Ursprung

Weiler, Markt Glonn, Landkreis Ebersberg, Oberbayern

in Bayern liegt. Damit beginnen wir jetzt mal ganz harmlos mit der Namenforschung und haben für Sie zum Beispiel diesen wirklich alten Beleg gefunden: In einer Tegernseer Traditionsnotiz, die in die Zeit zwischen 1078 und 1091 datiert wird, ist der Ortsname als *Ursprinc* überliefert, was eine Rückführung des Namens auf das althochdeutsche Wort *ursprring* untermauert. Hier hat sich die Bedeutung über die Jahrhunderte hinweg nicht verändert: ›Ursprung, Quelle, Ursache‹ (die einfachen Anführungsstriche zeigen die Bedeutungen des betreffenden Wortes in der jeweiligen sprachgeschichtlichen Periode an; siehe auch Kapitel »Kleine Gebrauchsanweisung«).

Nun könnte man den Ort, wie wir es eben ganz euphorisch getan haben, sicherlich als Ursprung jeglichen Daseins ansehen. Ganz sachlich betrachtet, also namenkundlich analysiert, bezeichnet der Name *Ursprung* hier allerdings nur den Ort, an dem die Quelle der Glonn entspringt und dann weiterfließt in Richtung Südosten über Beyharting nach Bad Aibling, wo sie in die Mangfall mündet. Diese Namensdeutung ist noch nicht sonderlich überraschend und dennoch mag sie beim einen oder anderen interessierten Leser doch insgeheim ein zustimmend-erstauntes

Aha

Pfarrdorf, Stadt Gunzenhausen, Landkreis Weißenburg-Gunzenhausen, Mittelfranken

hervorrufen. Jetzt wird's schon spannender. Das Pfarrdorf wurde vor über 800 Jahren *Ahe*, dann 100 Jahre später *Ah* geschrieben, bevor es sich 1589 und bis heute als *Aha* in den Archiven verewigte. Im Althochdeutschen war *aha* ein Wort mit den Bedeutungen ›(fließendes) Wasser, Wasserlauf, Fluss, Strom‹. Der Name des mittelfränkischen Pfarrdorfs steht zwar treu zu seiner althochdeutschen Bezeichnung *aha*, doch hat sich später, in der süddeutschen Standardsprache dieses *aha* – sprachwissenschaftlich völlig regelkonform – zu *Ache* entwickelt. Und siehe da: Der Ort Aha liegt wirklich an einer Ache, an einem Fluss, an der Altmühl. Aha!

18

Sollten Sie nun allerdings nach Aha fahren, Ihr Navigationsgerät vergessen haben und Einheimische nach dem Weg fragen, wundern Sie sich bitte nicht, wenn Sie dann nach $\bar{o}$ (= langes, gedehntes o) geschickt werden. So lautet bekanntermaßen die regionale Mundartform des Ortsnamens und Sie sind damit sicher auf dem richtigen Weg. Den beschreiten Sie mit dem Lesen dieses Buches auch, denn hier steckt auch

Hirn
Einöde, Gemeinde Günzach, Landkreis Ostallgäu, Schwaben

drin. Der Ortsname *Hirn* ist durch Übertragung aus dem Familiennamen *Hirn* hervorgegangen. Als die Siedlung sich 1781 zur Einöde zurückentwickelte, hat hier vermutlich der Herr Hirn mit seiner Familie gewohnt und dem Ort seinen Namen gegeben. Dass eine Person den Beinamen *Hirn* erhielt, das kann daran liegen, dass man denjenigen für einen besonders schlauen, ja listigen oder gar hinterlistigen Menschen hielt. Mittelhochdeutsch *hirn(e)* stand für ›Hirn, Verstand‹ – wobei das wesentlich netter gemeint war, als wenn man zu jemandem sagt: »Du Hirni, du!«. Damit deutet man zwar auf freundliche Art und Weise, aber doch unmissverständlich an, dass er seine grauen Zellen mal ein bisschen besser hätte anstrengen sollen. Weil ab dem 11./12. Jahrhundert eine enorme Bevölkerungsverdichtung im ganzen Land einsetzte, wurde es notwendig, zum Rufnamen einen Beinamen hinzuzunehmen, der später durch Vererbung zum Familiennamen werden konnte. Vornamen allein reichten einfach nicht mehr aus, jemanden eindeutig identifizieren zu können. Da gab es in einem Ort dann zehn oder zwanzig oder hundert Heinrich und keiner wusste mehr, welcher Heinrich nun gemeint war. So könnte also auch ein sehr listiger, schlauer Heinrich den Beinamen *Hirn* bekommen haben, der sich durch Weitergabe an nachfolgende Generationen zum Familiennamen entwickelte.

Die Hirns gaben also dem Hof, auf dem sie wohnten, ihren Namen. So eine Übertragung eines Bei- bzw. Familiennamens auf einen Hof oder eine Siedlung ist eine durchaus häufige Erscheinung bei der Entstehung von neuzeitlichen Siedlungsnamen. Und somit hätten wir auch schon mindestens eine

Antwort

Kirchdorf, Markt Bad Endorf, Landkreis Rosenheim, Oberbayern

gefunden für alle Ortsnamen-Detektive. Die Antwort, woher der gleichnamige Ort seinen Namen hat, ist, ähnlich wie bei *Ursprung*, in der Landschaft zu finden. Wir nähern uns den geografischen Gegebenheiten also mal wieder sprachwissenschaftlich. Die älteste Überlieferung bringt uns direkt auf die Spur: In einer Salzburger Urkunde von 924 steht *Antvurti*, womit wir zumindest beim hinteren Bestandteil bei dem althochdeutschen Wort *furt* angelangt wären, das die Bedeutungen ›Durchgangsmöglichkeit, Zu-

20

gangsmöglichkeit, Furt‹ trägt. Dass sich das *v*, das hier für *f* steht, dann knapp drei Jahrhunderte später zu einem *w* wandelte, ist wohl dem Schreiber anzulasten, der beim Notieren des Ortsnamens offenbar zu sehr an das im Mittelhochdeutschen allseits bekannte Wort *antwurt* für ›Antwort‹ oder auch ›Gegenwart‹ dachte. Das *u* entwickelte sich vor einem *r* lautgesetzlich völlig korrekt zu einem *o* – das war ein ganz normaler Vorgang, als die deutsche Sprache vom Mittel- ins (Früh-)Neuhochdeutsche überging.

Wir sind aber noch nicht fertig mit der Antwort. Fehlt noch die Vorsilbe *ant-*, die im Althochdeutschen ›entgegen, gegenüber‹ bedeutete. Damit ist nun also klar, wo die Siedlung Antwort genau liegt, jedenfalls zu ihrer Entstehungszeit: gegenüber einer Furt oder auch an einer Stelle, an der es möglich war, die Antworter Ache zu überqueren. Diese Antwort dürfte genügen, oder? Dann nichts wie auf nach

Etwashausen

Stadtteil, Große Kreisstadt Kitzingen, Landkreis Kitzingen, Unterfranken

Was für ein schöner Ortsname! Lässt sich doch an ihm exemplarisch einiges erklären, was auf viele andere Ortsnamen ebenfalls zutrifft: Das Grundwort *-hausen* geht zurück auf die mittelhochdeutsche Dativ-Plural-Form *-hūsen* des mittelhochdeutschen Wortes *hūs* für ›Haus, Gebäude, Wohnung, Hütte‹ und trägt eine örtlichkeitsbezogene Bedeutung im Sinne von ›bei den Häusern‹.

Nur was hat das *Etwas* ›bei den Häusern‹ verloren? Liegt da irgendetwas herum? Solche sicherlich naheliegenden Mutmaßungen führen uns auf die völlig falsche Spur! In Wirklichkeit gab nämlich der althochdeutsche Rufname *Ōtwin* dem Ort seinen Namen, genau genommen dessen althochdeutsche Genitivform *Ōtwines*. Wenn man den *Ōtwin* nämlich dem *-hausen* voranstellte, war das Genitiv-*es* ein Muss. Dies alles beweist u. a. eine Bamberger Urkunde aus dem Jahr 1189, in der der Ort als *Othwineshusen* eingetragen ist:

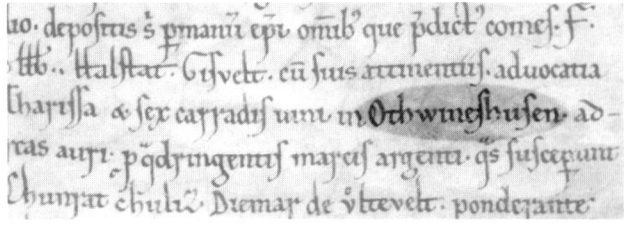

Auszug aus der Urkunde Nr. 382 von 1189 des Bestandes
»Bamberger Urkunden« im Staatsarchiv Bamberg

Also: In *Etwashausen* befindet man sich ›bei den Häusern, die nach einer Person namens *Ōtwin* benannt sind‹. Der althochdeutsche Personenname *Ōtwin* wiederum setzt sich zusammen aus den Bestandteilen *Ōt-* und *-win*. Im Althochdeutschen bedeutete *ōt* ›Besitz, Reichtum, Wohlstand‹ und der Namensbestandteil *-win* geht auf das althochdeutsche Wort *wini* zurück für ›Freund, Geliebter‹. Die Erklärung des Ortsnamens führt sprachwissenschaftlich sogar noch tiefer: Aufgrund des *-i-* in der Folgesilbe wird das *O-* in der für den Ortsnamen anzusetzenden Grundform

22

Ōtwineshūsen regulär zu *Ö-* umgelautet und später in der Mundart zu *E-* entrundet (Entrundung; siehe auch Kapitel »Kleine Gebrauchsanweisung«). Die hinzukommende Abschwächung der unbetonten Mittelsilbe *-in-* zu einem *a*-ähnlichen Laut im Mittelhochdeutschen machte den Weg frei für eine Anlehnung an das mittelhochdeutsche Wort *et(es)waȝ* ›etwas‹, was schließlich zur heutigen Form *Etwashausen* führt.

Die Bayern und ihr zünftiges Wesen

Die Bayern belieben ja durchaus zu scherzen – allerdings auf ihre Art und Weise. Wenn man sich die Quoten des Bayerischen Fernsehens über Jahre hinweg anschaut, fällt auf: Die Sendungen mit der höchsten Einschaltquote im Jahr sind »Fastnacht in Franken« und »Nachg'schenkt auf dem Nockherberg«. Fast halb Bayern sitzt da vor den Bildschirmen und schaut sich an, wie hochrangige Politiker in ein mehr oder weniger attraktives Faschingskostüm gehüllt ins unterfränkische Veitshöchheim kommen und über fiese Sprüche von der Bühne lachen, während im oberbayerischen München auf dem Nockherberg dieselben Politiker unverkleidet erscheinen und sich von zum Teil täuschend echten Doubles vorführen lassen. Das gesamte vergangene politische Jahr darf auf dem Nockherberg schonungslos durch den Kakao gezogen werden. Und die Kabinettsmitglieder machen möglichst gute Miene, wenn sie derbleckt werden – denn ein echter bayerischer Politiker hat natürlich mindestens so viel Humor wie jeder bayerische Staatsbürger.

Die Bayern, die sind zünftig. Das steckt an. Da möchte man doch meinen, dass das überall im Freistaat so ist, wie zum Beispiel auch in

Großscherzhausen

Weiler, Markt Waging am See, Landkreis Traunstein, Oberbayern

Ob die Bewohner dieses oberbayerischen Weilers das ganze Jahr über groß zum Scherzen aufgelegt sind, kann jedoch nicht mit letzter Sicherheit bewiesen werden. Mitglied im nahe gelegenen Faschingsverein, der übrigens den seltsam anmutenden Namen *SoHalunke* trägt, ist jedenfalls weder ein Großscherzhausener noch ein Kleinscherzhausener, wie der Vereinsvorsitzende Georg Seehuber versichert. Auf jeden Fall muss sich kein Kleinscherzhausener Sorgen machen, dass die Großscherzhausener vielleicht die größeren Scherze auf Lager hätten und die besseren Witze erzählen könnten. Aus dem Ortsnamen ist das auch nicht herzuleiten.

Doch woher kommt denn nun der Ortsname *Großscherzhausen*? Ein waschechter Traunsteiner mag jetzt einwerfen: Wahrscheinlich wurden dort immer besonders große Endstücke vom Brot heruntergeschnitten. Der Name könne doch von *Scherzl* kommen. In anderen bayerischen Regionen nennt man den Anfang oder das Ende eines Brotlaibes allerdings ganz anders: Das reicht von *Ranft*, wie man es zum Beispiel im oberpfälzischen Weiden oder im oberfränkischen Bayreuth nennt, bis hin zu *Ränggel*, wie es in einem kleinen Teil Niederbayerns rund um Dingolfing heißt oder auch in nördlichen und zentralen Gebieten Bayerisch-Schwabens. Im Fränkischen reichen die Ausdrücke für den Anschnitt eines Brotes von *Knorz* über *Kruste* bis hin zu *Kuppe* bzw. *Koppe*. Bezogen auf den Ortsnamen *Groß-*

25

scherzhausen ist ein Zusammenhang mit einem Brot-Scherzl allerdings definitiv auszuschließen.

Der Ortsname lässt sich auch nicht unbedingt mit Scherzen und Witzemachen in Verbindung bringen. Obwohl man das aufgrund des mittelhochdeutschen Wortes *schern* (im Genitiv mit einem -*es* angehängt) durchaus vermuten könnte. Es hat die Bedeutungen ›Scherz, Spott, Mutwille‹. Doch die Quellenlage unterstützt all diese Spekulationen nicht wirklich. 1382 wurde der Ort noch *Scheir-Reshausen* geschrieben, 1405 dann *Schornshawsen* und 1409 *Schershawsen* (jeweils mit -*w*-Schreibung für -*u*-). Daraus kann man schließen, dass die Siedlung den Erstbestandteil ihres Namens von einer Person mit dem Kose- oder auch Spottnamen *Schern* erhalten haben könnte, also von jemandem, der wirklich immer zum Scherzen aufgelegt war. Aber mit letzter Sicherheit kann man sich sprachwissenschaftlich darauf nicht festlegen.

Die drei Konsonanten -*rns*- waren relativ schwer aussprechbar, sodass man einfach auf das -*n*- verzichtete, damit sich der Name leichter sprechen ließ. Hinzu kommt, dass bei der schriftlichen Überlieferung auch Übertragungs-, Sprech- und Hörfehler eine Rolle gespielt haben dürften, sodass ein Beamter den Ortsnamen einfach schlampig geschrieben oder sich verhört haben könnte, und dann kam statt **Scher(n)s*- eben *Schorns*- heraus (das Sternchen zeigt an, dass diese Form durch den Namenforscher nach allen sprachwissenschaftlichen Regeln zuverlässig rekonstruiert wurde; siehe auch Kapitel »Kleine Gebrauchsanweisung«). Die Unterscheidung zwischen Groß- und Kleinscherzhausen ist erst seit dem 16. Jahrhundert schriftlich belegt. Etwa

26

zu dieser Zeit dürfte dann auch das (früh)neuhochdeutsche Wort *Scherz* – aufgrund der großen Ähnlichkeit mit *Schers-* – in den Namen hineininterpretiert worden sein.

Doch alles in allem: Irgendjemand scheint sich hier einen Scherz erlaubt zu haben, als er *Großscherzhausen* seinen Namen verpasste. Denn so überzeugend es klingen mag, streng namenkundlich gesehen muss die gesamte Herleitung dieses Ortsnamens als nicht gesichert eingestuft werden, da die historischen Belegformen ein sehr uneinheitliches Bild abgeben. So geht es eben gelegentlich auch zu in der Wissenschaft. Man forscht und forscht und forscht und es will einfach kein zufriedenstellendes Ergebnis herauskommen. Das ist manchmal gar nicht lustig, aber so ist die Realität. Damit Sie möglichst viel von diesem Buch haben, haben wir uns auf besonders kuriose Ortsnamen in Bayern gestürzt, von denen bei den meisten der wissenschaftliche Nachweis vergleichsweise gut gesichert ist – damit das Lesen auch Spaß macht!

Ganz und gar keinen Spaß macht es den Bayern, wenn jemand Fremdes versucht, ihren Dialekt nachzuahmen bzw. wenn er unterirdisch informiert ist, sich zum Beispiel in Niederbayern aufhält und ein typisch fränkisches Wort benutzt – in der Meinung, das sei ein in Niederbayern gängiger Mundartausdruck. In Bayern müssen Sie gut aufpassen, wo Sie sich befinden und welche Ausdrücke Sie verwenden! Hüten Sie sich zum Beispiel, die Karnevalszeit in zwei Drittel Bayerns *Fasching* zu nennen. Diesen Begriff verwenden nur die Münchner, die meisten Niederbayern, ein paar Süd-Oberpfälzer und die Menschen im Südosten Oberbayerns. Ansonsten heißt es im restlichen Oberbayern, in Franken, der Oberpfalz und in Schwaben *Fas(e)nacht* oder *Fastnacht* in ihrer jeweils dialektalen Ausprägung. Nicht wirklich lustig, wenn Sie da was verwechseln! Ob nun den Bewohnern von

Lachen
Weiler, Gemeinde Halblech, Landkreis Ostallgäu, Schwaben

auch außerhalb der närrischen Zeit zum Lachen zumute ist, kann ebenfalls nicht mit letzter Sicherheit gesagt werden, bleibt allerdings zu hoffen. Ob die Lachener noch lachen würden, wenn sie wüssten, woher die Bedeutung ihres Ortsnamens rührt? Lassen Sie einfach das -*n* weg und schon sind Sie auf der richtigen Fährte. Denn im Mittelhochdeutschen, einem Vorläufer unserer heutigen Sprache etwa zwischen den Jahren 1050 und 1350, gab es auch schon die *lache* und die bezeichnete wie heute die ›Pfütze‹ und ebenso seichte Gewässer, einen Weiher oder See, der nicht allzu tief war.

Der ursprüngliche Ortsname in der Gemeinde Halblech endete allerdings auf -*un*: *Lachun*. Das ist in einer Urkunde des Hochstifts Augsburg von 1188 nachzulesen. Für die Deutung des Ortsnamens sollte man dann auch des Schwäbischen mächtig sein: Die Endung -*un* steht im Schwäbischen für einen Dativ Singular, der einen Örtlichkeitsbezug ausdrückt im Sinne von ›bei/an …‹, was uns für den Ortsnamen zu seiner ursprünglichen Bedeutung ›(Siedlung) bei/an der Wasserlache‹ führt. Das -*un* hat sich später zu -*en* abgeschwächt und dadurch eine ganz neue Bedeutung hervorgezaubert – vielleicht ja, weil wir lieber an das Lachen als an die Lache denken, außer vielleicht, wenn wir Tränen lachen.

Betrachtet man Schwaben rein namenkundlich, sind in der Region vergleichsweise viele Wasserpfützen und kleine Seen zu finden. Dort gibt es nämlich die – auf Bayern bezogen – meisten Orte mit dem Namen *Lachen* (siehe Ortsnamenregister im Anhang des Buches), die alle ebenso wie oben zu deuten sein dürften. Genau genommen müsste das natürlich für jeden einzelnen Ortsnamen separat jeweils anhand der historischen Belegschreibungen und der authentischen Mundartformen geprüft werden. Doch das würde so viel Zeit in Anspruch nehmen, dass wir gar nicht mehr zu so schönen Ortsnamen kämen wie

Langwitz

Dorf, Gemeinde Runding, Landkreis Cham, Oberpfalz

Dass sich die Bewohner hier täglich beim Bäcker oder Metzger lange Witze erzählen, das mag sein, kann jedoch als Beweis für die Herkunft und Bedeutung des Ortsnamens nicht angeführt werden. Hier muss gut kombiniert werden. Also, wo liegt Langwitz eigentlich? Der Ort befindet sich in der Chamer Bucht in der Oberpfalz und damit in direkter Nachbarschaft zur Tschechischen Republik. Wenn Sie nun die Lage des Ortes mit der ersten urkundlichen Erwähnung von 1290 *Lungquitz* in Verbindung bringen, wird klar: Hier muss ein Slawist weiterhelfen – und schon haben wir das Ergebnis: Im Slawischen existiert das Wort *lǫkavica für ›Wiesengelände‹. Und wer sagt's denn: *Langwitz* liegt wirklich inmitten von grünen Wiesen, zwischen Niederrunding, Göttling und Satzdorf. Soll das jetzt nur ein Zufall sein?

Nein, woher! Da nicht jeder Deutsche des Slawischen mächtig ist, wurde aus dem nasal auszusprechenden ǫ einfach -*un*- wie in *Lungquitz*. Und weil das Buchstabengebilde -*gqu*- einen *kw*-Laut repräsentiert, wurde 1410 daraus *Lunkwitz*. Das Ganze klang dann in der mundartlichen Aussprache so ähnlich wie ein langer Witz und so wurde aus der Bezeichnung für ein Wiesengelände später einfach *Langwitz*.

Vielleicht denken Sie ja jetzt: Die treiben mit mir hier doch nur

Schabernack
Einöde, Markt Schöllkrippen, Landkreis Aschaffenburg, Unterfranken

Immerhin ist der Ortsname bereits 1576 in der Form *Schabernack* historisch bezeugt. Das bedeutet für die *Schabernacker:* Wenn sie zum x-ten Mal aufklären müssen, dass der Ort quasi immer schon so hieß, können sie sich dabei sogar auf die Namenforschung berufen. Es kann mit Fug und Recht behauptet werden: Der Ort hat mit Gaudimachen zunächst mal nichts zu tun, wenn auch die Deutung des Ortsnamens ziemlich lustig anmutet. Bei der Befragung von Einheimischen stellte sich nämlich heraus: Ein Flurname hat dem Ort wohl seinen Namen gegeben. Und der

In Schabernack ging's schon immer rund … Wie kommen die Schabernacker nur darauf, ihren Ort nach einem »geschabten Nacken« zu benennen?

komme daher, dass das dortige Gelände offenbar mal so ausgesehen haben soll wie ein »geschabter Nacken«. Heute ist der kleine Bergrücken zwar mit jungen Bäumen dicht besetzt, doch früher soll der Hügel zur Holzgewinnung ziemlich radikal entwaldet worden sein. Die übrig gelassenen, abgesägten Baumstämme sahen dann ungefähr aus wie rasierte Bartstoppeln. Und das passt letztlich wiederum auch gut zur ursprünglichen Bedeutung des Wortes *Schabernack:* So wurde früher (mittelhochdeutsch *schavernac, schabernac*) nämlich eine rauhaarige Pelzmütze bezeichnet, die ganz schön gejuckt haben muss, so schabte sie die Haare am Nacken, dass nur noch Stoppeln übrig blieben. Der Ort hat seinen Namen also durch bildliche Übertragung von einem Kleidungsstück, das auf dem Kopf des Trägers ganz schön was anrichtete – genauso wie auf bzw. an dem Flurstück, wo heute der Hof Schabernack steht, etwas vor sich gegangen sein muss, eine Rodung oder ein Sturm, durch die/den der Ort dann so aussah wie oben beschrieben. Bei der Ortsnamengebung kam es im Übrigen durchaus häufiger vor, dass Flurnamen auf Siedlungen, die auf oder bei dem betreffenden Landstück gegründet wurden, übertragen und somit zu Siedlungsnamen wurden.

Wenn man nun noch dem Wort *schaben* weiter auf den Grund geht, stößt man auf das gotische Wort *skaban*, was so viel wie ›(Haare) scheren‹ bedeutet. Das Scheren des Nackens soll im Mittelalter auch eine Schandstrafe gewesen sein, vielleicht ja bei einem, der mit seinen Mitmenschen allerlei Schabernack getrieben hatte. Ein echter

Witzigmänn

Dorf, Gemeinde Sigmarszell, Landkreis Lindau (Bodensee), Schwaben

halt. Schaut man allerdings in die alten Urkunden, taucht bei diesem Ortsnamen zum Beispiel 1344 *ab dem hofe zu Willer* auf – also keine Spur von *Witzigmänn*. Erst 1494 heißt es dann *Cûnrat den Witzigmän ... hof zu Wüller in Bertschenritin Kirchsperg genant Witzigmänhof.* Damit wäre schon mal eine Sache geklärt: Der Ort wurde zunächst *Weiler* bzw. *Hofweiler* genannt, erlebte jedoch eine vollständige Rundumerneuerung, als die Familie Witzigmann sich dort niederließ. 1620 hieß der Ort nur noch *Witzigman.*

Dieser Familienname war schon immer rund um den Bodensee heimisch und gab dann auch einem ganzen Dorf seinen Namen.

Einer der bekanntesten Vertreter dieses Familiennamens ist der Spitzenkoch Eckart Witzigmann. Dieser kommt zwar nicht aus Bayern, sondern aus Österreich, doch der Bodensee grenzt ja direkt an Österreich. Seine Karriere hat Herr Witzigmann allerdings bei uns gemacht – ein gewitztes Kerlchen eben! Die Verbote seiner Eltern hat der kleine Eckart einfach in den Wind geschlagen und gegen deren Willen eine Kochlehre gemacht. Der Erfolg gab ihm recht: War Eckart Witzigmann doch mit 19 schon stellvertretender Patissier eines großen Schweizer Hotels, wandte sich dann der »Nouvelle Cuisine« zu, war in ganz Europa unterwegs, machte auch Station in Washington und brachte die teure Edelküche dann in die bayerische Provinz, ins »größte Dorf Deutschlands«, nach München. Damit kochte er, wie die »Süddeutsche Zeitung« 1997 schrieb, »München aus seiner Knödelseligkeit heraus«. Spätestens dafür bekam Eckart Witzigmann die seltenste Auszeichnung, die Köche überhaupt bekommen können: »Koch des Jahrhunderts« vom Gourmetführer Gault Millau.

So kann man sich getrost auf der Zunge zergehen lassen, wie der Familienname des Starkochs *Witzigmann* wissenschaftlich hergeleitet wird. Dass der *Witzigmann* gewitzt ist, das ist sogar sprachwissenschaftlich erwiesen. Früher war jemand, der im mittelhochdeutschen Sinne *witzic* war, noch ›klug, weise, verständig‹. Dieses Eigenschaftswort mittelhochdeutsch *witzic* gehört zu dem Hauptwort *witz(e)*, das im Mittelhochdeutschen noch ganz andere Bedeutungen hatte als heute, nämlich ›Wissen, Klugheit, Weisheit, Verstand, Einsicht, Besinnung‹. Im 17. Jahrhundert reduzierte sich diese Bedeutungsvielfalt. Die fünf Deutungen schmolzen zu einer einzigen zusammen: *Witz* stand dann nur mehr für ›geistreiche Formulierung‹. Die Franzosen sagten dazu ganz schick *esprit*. Erst im 18. Jahrhundert verkam der *Witz* dann zum *Scherz* – so wie wir ihn auch heute noch kennen.

Woher kommt aber nun das *-ä-* in dem Ortsnamen *Witzigmänn*? Es handelt sich hier nicht um die deutsche Schreibweise des englischen *man*, sondern dürfte die schwäbische Pluralform zu *Witzigmann* darstellen, womit dann gleich mehrere Träger des Familiennamens *Witzigmann*, die im selben Ort wohnten und vielleicht auch witzigerweise miteinander verwandt waren, angesprochen worden sein dürften. Ganz schön gewitzt! Das sind wir allemal und leiten galant vom hochdekorierten Zubereiter höchstkulinarischer Genüsse aus Österreich auf bayerische Verwöhnkost über.

Die Bayern und ihr Feinschmeckergaumen

Die Bayern sind einfach unschlagbar, wenn es um deftige Küche geht. Allein das Fleisch, das Sie bei einem niederbayerischen Metzger bekommen – ein Gedicht! Wohl dem, der es versteht, daraus einen g'schmackigen Schweinsbraten mit Kruste und Knödel zu zaubern – wobei die fränkische Rostbratwurst auch nicht zu verachten ist. Oder die typische bayerische Laugenbrez'n, die nirgends besser schmeckt als in Bayern. Nicht zu vergessen der Leberkas, der warm auf einer Semmel vor allem mit süßem Senf eine deftige und sättigende Brotzeit ist.

Dass in Bayern auch internationale Gourmetküche gefragt ist, beweist der Spitzenkoch Alfons Schuhbeck. Weil er garantiert nie seine Heimat verraten würde, verfeinert er einfach die traditionell bayerischen Speisen mit allerlei undenkbaren ausländischen Gewürzkombinationen – und der süßsauer marinierte Saibling, finden sogar die Bayern, zergeht auf der Zunge. Dass die Bayern ihren »Schuhbeck« daher auch gerne »Ingwer-Fonse« nennen, liegt auf der Hand. Jeder Bayer, der in seiner Kindheit Hausgemachtes aus Omas Küche genießen durfte, weiß, was bayerische Küche ausmacht: Möglichst nahrhaft muss es sein, vom saftig Geschmorten bis zum süßlich Fettgebackenen. Dazu zählen auch gut genährte Enten, die sich zu Lebzeiten in bayerischen Landen schnatternd wohlfühlten. Ob die täglich in

Antenfressen

Weiler, Gemeinde Halsbach, Landkreis Altötting,
Oberbayern

schön knusprig serviert werden? Kann sein, muss aber nicht. Denn der Ortsname *Antenfressen* hat weder etwas mit Enten noch mit Essen zu tun. Schon ca. 1180 war der Ortsname zum ersten Mal schriftlich festgehalten worden als *Antfrist* und das kommt von einem Wort, das wir heute gar nicht mehr kennen, nämlich von mittelhochdeutsch *antfrist* für einen ›Ausleger, Erklärer, Ausdeuter, Übersetzer‹. Offenbar war das ein angesehener oder vielleicht auch verachteter Mann, der an diesem Ort wohnte und Träume interpretierte, Vorzeichen sah oder Sterne deutete oder dessen Rat man einholte, weil man ihm ein tieferes Wissen zutraute.

Der *Antfrist* – und das dürfte wohl die wahrscheinlichste Erklärung sein – könnte auch ein öffentlich beauftragter Mann gewesen sein, der den Schriftunkundigen (damals war es ja leidlich normal, Analphabet zu sein) die Lehensverträge auslegte, das heißt, er erklärte ihnen zum Beispiel, in welcher Höhe sie Abgaben zu leisten hatten.

1611 gesellte sich in den historischen Quellen zu *antfrist* ein *-er* dazu: *Anterfrister*. Es war längst üblich geworden, mit dieser Endung ein von einem Tätigkeitswort abgeleitetes Hauptwort anzuzeigen (z.B. *Lehrer* zu *lehren*) oder auch, dass der Träger des Namens aus einem bestimmten

Ort (beispielsweise *Regensburger* zum Ortsnamen *Regensburg*) kam. Irgendwann wusste man dann gar nicht mehr, was ein *Anterfrister* überhaupt sein sollte, und mit der Zeit entwickelte sich schließlich durch undeutliches Hören oder Aussprechen und Uminterpretieren das, was auch wir heute darunter verstehen würden: der *Antenfresser*, bairisch-spöttisch ›einer, der für sein Leben gern Enten verspeist‹. Damit nicht genug, schließlich wurde aus dem *Antenfresser* einfach der Ortsname *Antenfressen.* Wie sollten sich die Bayern damals auch zu helfen wissen, ganz ohne Namenforscher? Es mag zwar rein zufällig auch einen Traumdeuter gegeben haben, der mit Vorliebe Enten aß. Doch daraus voreilige Schlüsse auf die sprachwissenschaftliche Namendeutung zu ziehen, wäre fatal.

Ganz und gar eindeutig – denkt man zumindest – ist dagegen die Herleitung des Ortsnamens

Bierdorf

Dorf, Markt Dießen am Ammersee, Landkreis Landsberg am Lech, Oberbayern

wobei klar und eindeutig schon gleich gar nichts ist. Dass *Bier* hier vom allseits beliebten Gerstensaft kommt, ist nahezu auszuschließen. Eigentlich unglaublich – wo doch mittlerweile auch der Europäische Gerichtshof erkannt hat, wie einzigartig bayerisches Bier ist und dass es, wenn es sich so nennen will, nicht aus den Niederlanden oder sonst woher kommen darf, sondern aus Bayern kommen muss. Schließlich ist das Reinheitsgebot echt bayerisch, dürfen doch in einem wirklich guten Bier nur Malz (so nennt sich das Produkt aus gekeimter und getrockneter Gerste, Weizen, Roggen, Dinkel oder einem anderen Getreide), Hopfen und Wasser drin sein. »Hopfen und Malz, Gott erhalt's«, das hat jeder Bayer verinnerlicht und auch, dass es ein Zeichen männlicher Potenz ist, Bier nicht in Maßen, sondern in Massen (kommt von »eine Mass Bier«) zu trinken, wobei zwei Mass für einen Bayern, der etwas auf sich hält, etwa das Mindestmaß sind.

Doch nun zurück zu dem Ortsnamen *Bierdorf*. Obwohl in Bayern die weltweit höchste Brauereidichte gemessen wird – allerdings nicht im Schwäbischen, sondern im Oberfränkischen, wo es um die 200 Brauereien gibt – und obwohl die von den Bayern hochgeschätzte Gerstenkaltschale so verbreitet ist und von den Einheimischen bisweilen auch als gesundes Getränk eingestuft wird, kommt *Bier-* in diesem Ortsnamen von einem wirklich gesunden Früchtchen, genauer gesagt von der althochdeutschen Bezeichnung *bira* für ›Birne, Birnbaum‹. Kaum zu glauben, aber wahr: *Bierdorf* ist ursprünglich die ›(Dorf-)Siedlung an/bei dem Birnbaum‹ und nicht die Wiege des bayerischen Bieres.

Wie kommt nun der Namenforscher auf so eine Herleitung? Im weiteren Umkreis von Bierdorf existieren zwar auch ein Apfeldorf und ein Pflaumdorf, der entscheidende Hinweis ist das jedoch nicht. Hier hilft wieder einmal nur der Blick in die Archive. In einer Chronik des Klosters Benediktbeuern, die im 11. Jahrhundert verfasst wurde, heute aber nur noch als Kopie aus dem 13. Jahrhundert erhalten ist, wird der Ortsname *Bierdorf* unter Bezugnahme auf das 8. Jahrhundert, die Gründungszeit des oberbayerischen Klosters, zum ersten Mal als *Pierdorf* erwähnt. 1548 findet sich der Name in einer Urkunde des Klosters Dießen (am Ammersee) bereits in seiner heutigen Schreibweise. Rein von der sprachlichen Form her betrachtet, käme auf dieser Beleggrundlage auch eine Rückführung des ersten Namensbestandteils auf das althochdeutsche Wort *bior* ›Bier‹, das sich später lautgesetzlich zu *bier* entwickelt, in Frage.

Dagegen sprechen jedoch schlagkräftige Argumente: Das althochdeutsche Wort *bira* ›Birne, Birnbaum‹ kannten die Menschen bereits im 8. Jahrhundert. Dagegen ist das althochdeutsche Wort für ›Bier‹ *bior* erst seit dem 9. Jahrhundert schriftlich überliefert. Da in der Benediktbeuerer Chronik Bierdorf mit Bezug auf das 8. Jahrhundert genannt wird, ist als relativ wahrscheinlich einzuschätzen, dass diese Siedlung bereits im 7./8. Jahrhundert gegründet wurde, also zu einer Zeit, als althochdeutsch *bior* noch nicht bezeugt ist. Zu dieser Zeit spielte das Lebensmittel – oder für die Bayern wohl besser »Überlebensmittel« – Bier sicherlich noch keine entscheidende Rolle, zumal das Brauereiwesen in Bayern so richtig erst im 11. Jahrhundert aufkam. Für eine neue Ansiedlung vergab man normalerweise auch unverzüglich einen Namen und nicht erst viele Jahre bzw. Jahrzehnte später, wartete also nicht erst ab, bis an dem Ort die Bierproduktion so langsam in die Vollen ging und sich eine Brautradition etabliert hatte. Die moderne wissenschaftliche Ortsnamenforschung hat außerdem ans Licht gebracht, dass der Namentyp »Baumbezeichnung + Grundwort« (wie *-dorf*, *-berg*, *-bach*, *-ach* usw.) bestens belegt ist, ein Typus »Lebensmittelbezeichnung +

Grundwort« hingegen überhaupt nicht. Auch die überlieferten historischen -ie-Schreibungen sprechen nicht zwangsweise für einen Zusammenhang mit dem Wort *Bier*, da in bairischen Quellen für kurzes -i- wie in mittelhochdeutsch *bir(e)* für ›Birne‹ mitunter auch -ie- geschrieben wurde. Und auch die sogenannte Realprobe bekräftigt diese Ortsnamendeutung: An eine Brauerei an diesem Ort können sich auch betagtere Menschen aus der Gegend nicht erinnern. In Bierdorf standen aber früher tatsächlich Birnbäume und sie wachsen dort immer noch. Aber was wächst dann bitte in

Hopfen am See

Pfarrdorf, Stadt Füssen, Landkreis Ostallgäu, Schwaben

Soll dort im Allgäu wirklich Bitterstoff fürs Bier angepflanzt werden, wo doch das größte zusammenhängende Hopfenanbaugebiet der Welt in der Hallertau liegt, nördlich von München? Es ist zwar unglaublich, aber sprachwissenschaftlich betrachtet wahr. Den Ortsnamen gibt es immerhin schon seit dem 12. Jahrhundert, auch in Schreibvarianten wie *Hophen, Hopphen* oder *Hopffen*. Im Althochdeutschen steht das Wort *hopfo*, im Mittelhochdeutschen *hopfe* für ›Hopfen‹. Das -*n* am Ende des Ortsnamens kommt wieder von einer Dativform mit Örtlichkeitsbezug: ›beim/am Hopfen‹. Dort, im Allgäu, dürfte es also bereits im 12. Jahrhundert wilden Hopfen gegeben haben. Denkbar ist auch, dass Klosterbrüder hier eine Hopfenkultur pflegten – wussten die Mönche doch ziemlich gut Bescheid, wie man nichtheimische Pflanzen anbaute. Ihre liebste Fastenspeise sollte doch sicherlich auch mit dem Bitterstoff Lupin aus dem Hopfen gut gewürzt sein. Das Kloster St. Mang liegt schließlich direkt in der Nähe von Hopfen am See. Doch wenn von Klöstern Hopfen angebaut wurde, dann hieß der Anbauort meistens *Hopfengarten*.

Wir können uns aber erst zufriedengeben mit der Namensdeutung, wenn alle nur erdenklichen Möglichkeiten ausgelotet wurden. In Erwägung ziehen kann man beim Ortsnamen *Hopfen am See* nämlich auch den Bezug zu einer Person namens **Hopfo*. Dann wäre der Ortsname im Sinne einer ›Siedlung an/bei einer Person namens **Hopfo*‹ zu deuten. Allerdings ist ein derartiger Personenname nicht bezeugt und kann nur mithilfe einiger nicht letztgültig beweisbarer Annahmen rekonstruiert werden.

Nach reiflicher Überlegung und ausführlicher Debatte am Namenforscher-Stammtisch bleibt nun der Schluss, dass die wahrscheinlichere Deutung die erstere sein dürfte – auch wenn die übliche Variante *Hopfengarten* hier nicht zum Zuge kommt. Das trifft dann wohl auch für das Dorf namens *Hopfen* in der Gemeinde Stiefenhofen (Landkreis Lindau, Schwaben) zu. Hier bezog das Kloster Mehrerau (bei Bregenz) bis zu seiner Aufhebung 1806 einen Teil der Einkünfte aus dem Hopfenanbau. Der Ort lag zwar sehr hoch, doch die Mönche wussten wohl, wie sie die Hopfenpflanze hegen und pflegen mussten, damit sie etwas abwarf. Dieselbe Deutung dürfte auch für den Weiler namens *Hopfen* in der oberbayerischen Gemeinde Tuntenhausen im Landkreis Rosenheim anzunehmen sein.

Alles nicht so einfach, mit dem Herleiten der Bedeutung von Ortsnamen, doch das hatten wir ja bereits. Beim Erforschen von Namen kann man zwar vom Hundertsten ins Tausendste kommen, aber genauso gut auch wieder zurück. Auf den Hund kommt man dabei sicherlich nicht. Auf

Hundessen

Einöde, Markt Falkenstein, Landkreis Cham, Oberpfalz

schon eher. Fragt sich nur, was das heißen soll: *Hundessen.* Klingt ja ziemlich verschroben. Die Zusammensetzung des Namens lässt sich eindeutig herleiten: *Hund* kommt von

Laut diesem Ortsnamen fanden hier tatsächlich hungrige Vierbeiner, was sie suchten.

42

mittelhochdeutsch *hunt* mit den Bedeutungen ›Hund, Jagdhund‹. Und das Wort *-essen* rührt wirklich von mittelhochdeutsch *eʒʒen* für ›menschliche und tierische Nahrung, Essen, Speise, Futter‹ her.

Hundessen – übrigens bereits 1249 so als Ortsname überliefert – könnte also früher einmal eine Futterstelle für Hunde oder Jagdhunde gewesen sein oder auch ein Ort, an dem Jagdhunde ihr Futter erlegten. Ähnlich zu deuten wäre hier auch der Ortsname *Wolfessen* in der Gemeinde Perasdorf im niederbayerischen Landkreis Straubing-Bogen. Bei so viel Beanspruchung von Hirnschmalz bekommt man doch jetzt allmählich tierisch

Hunger

Weiler, Stadt Betzenstein, Landkreis Bayreuth, Oberfranken

Die Oberfranken, die in *Hunger* wohnen, plagt er hoffentlich nicht zu sehr. Ortsnamenkundlich betrachtet hat der Siedlungsname *Hunger* auch nur indirekt etwas mit dem menschlichen Verlangen nach Nahrungsaufnahme zu tun. Er beschreibt vielmehr ein wenig fruchtbares Stück Land, zu dem ein waschechter Bayer sagen würde: »Des schaugt ja ganz sche vahungat aus!« Und solche Landstriche scheint es in Bayern öfter zu geben, wie die Ortsnamen *Hungeraus*, *Hungerbach*, *Hungerberg*, *Hungerhof*, *Hungerhub*, *Hungermühle*, *Hungeröd*, *Hungerwies* etc. zeigen.

Woher wissen wir jedoch, dass diese Deutung richtig ist und nicht die andere, die auf das menschliche Bedürfnis zielt? Viele bayerische Siedlungsnamen gehen auf Flurnamen zurück. Entweder haben diese ihren Namen von einer Person, die beispielsweise im Besitz des benannten Landstücks war, oder sie wurden ganz konkret danach benannt, was man an dem Ort gesehen hat: einen Berg, einen Hang, einen Wald usw. Ab und an wurden auch abstrakte Begriffe zur Bezeichnung von Flurstücken nach charakteristischen Merkmalen – oft auch im übertragenen Sinn – verwendet. Fruchtbare Gegenden wurden daher *Schön*, *Paradies* oder *Himmelreich* genannt, während man unfruchtbaren Landstrichen solche Namen verpasste wie *Sorge*, *Arbeit* oder eben *Hunger*. An dieser Stelle ist unser Hunger auf weitere Namendeutungen allerdings noch lange nicht gestillt. Deshalb fragen wir uns, ob in

Linsen

Weiler, Gemeinde Waltenhofen, Landkreis Oberallgäu, Schwaben

solche Hülsenfrüchte auch angebaut werden. Bingo! Das ist zumindest eine mögliche Erklärungsvariante dieses Ortsnamens. Dass auf diesem Landstück früher vielleicht ja mal Linsen angebaut wurden, spiegelt sich wohl in dem mittelhochdeutschen Wort *lins(e)* wieder, das hier im mittelhochdeutschen Dativ Plural mit einem Örtlichkeitsbezug verwendet wird, also *linsen* im Sinne von ›bei den Linsen(anbaufeldern)‹. Der erste nachgewiesene schriftliche Beleg für *Linsen* ist uns aus dem Jahr 1265 in der Personennamensnennung *Rudolfus nobilis de Linsun* überliefert. Der ehrenwerte Rudolf stammte wohl von dort.

Dann muss man noch einmal penibel genau hinlinsen, denn eine weitere Deutung ist nicht ganz auszuschließen: *Lins(e)* war früher im Allgäu nämlich ein häufig gewählter Beiname, so wie *Groß*, *Klein*, *Schwarz*, der sich später dann als Familienname etablieren konnte. Dabei handelte es sich bei den ersten Trägern dieses Namens entweder um echte Linsenbauern oder um Leute, die für ihr Leben gern Linsengerichte aßen. Genauso gut könnten die Linsens auch besonders leise oder sanftmütige Personen gewesen sein, denn im Mittelhochdeutschen konnte *linse* als Nebenform von *līse* ebenso für ›leise, geräuschlos, sanft‹ stehen – wobei die jeweilig gemeinte Familie *Lins(e)* nicht zwingend auch aus dem Oberallgäu oder aus Schwaben kommen musste, sondern ihren Namen auch von anderswoher mitgebracht haben könnte. 1451 hieß der Ort passend *zem Linsi*. Der Dativ Plural könnte sich dann auch folgendermaßen ergeben haben: Auf dem Landstrich wohnten mehrere Personen namens *Lins* und deshalb nannte man den Ort schließlich ›bei den Personen namens *Lins*‹: *Linsen*.

Für den Ortsnamen *Linsen* sind also durchaus zwei Deutungen einleuchtend. Wogegen bei

Malzhausen

Dorf, Gemeinde Langenmosen, Landkreis Neuburg-Schrobenhausen, Oberbayern

Weiler, Gemeinde Dasing, Landkreis Aichach-Friedberg, Schwaben

klipp und klar ist, dass *Malz-* hier erstaunlicherweise nichts mit Bier zu tun hat, sondern vielmehr mit einem alten Personennamen **Madal* bzw. **Madel*, einer Kurzform zu Namen wie *Madalbert*, *Madalbald* etc. Es gibt nämlich eine Indersdorfer Urkundenkopie aus dem 15. Jahrhundert, in der das oberbayerische *Malzhausen* als *Madelshusen* verzeichnet ist, so notiert ca. im Jahr 1160. Das *-s-* in der Ortsnamensform rührt wiederum von einer mittelhochdeutschen Genitiv-Singular-Endung *-es* zu dem Personennamen her, sodass sich als ursprüngliche Bedeutung ›bei den Häusern einer Person namens **Madal* bzw. **Madel*‹ ergibt. Im 13. Jahrhundert ist der Ortsname dann bereits als *Maltzhusen* schriftlich festgehalten, was darauf schließen lässt, dass hier früh das sicherlich allseits bekannte Wort mittelhochdeutsch bzw. frühneuhochdeutsch *malz* ›Malz‹ in den Namen hineininterpretiert wurde, weil man den dahintersteckenden Personennamen nicht mehr erkannte und *malz* ganz ähnlich klang.

Im schwäbischen *Malzhausen* leitet sich der Ortsname zwar auch von einem Personennamen her, allerdings nicht von **Madal* bzw. **Madel*, sondern von *Meiol*, wie der Erstbeleg *Maiolshusen* aus dem Jahr 1183 bezeugt, wobei das *-ai-* hier nur eine bairische Schreibvariante für *-ei-* darstellt. Ob nun oberbayerisch oder schwäbisch, im Lauf der Zeit taten

mehr oder weniger schlampige Aussprache und Eindeutung des bekannten Wortes *malz* das Ihrige dazu, dass aus
Madelshusen und *Maiolshusen* schließlich jeweils *Malzhausen* wurde. Wundert einen doch nicht, im bierseligen Bayern!

Dass sich bayerische Ortsnamen vom Bierland Bayern haben inspirieren lassen, ist natürlich mehr als einleuchtend.
Doch weil wir erst einmal – wie die Bayern zu sagen pflegen – vor dem Genuss einer »guaden Mass a g'scheide Un-
terlag' brauchan«, befassen wir uns zunächst mit dem

Ochsenschenkel

*Weiler, Markt Vestenbergsgreuth, Landkreis Erlangen-
Höchstadt, Mittelfranken*

wobei der Ortsname – offen gestanden – mit einem schönen, saftigen Stück Fleisch nur indirekt etwas zu tun hat.
Hier hilft die erste Erwähnung im 16. Jahrhundert bei der
Deutung weiter: *ufm Ochsenschenkel* ›auf dem Ochsenschenkel‹. Man befindet sich also mitten auf dem Ochsenschenkel, wenn man auf dem Weiler in Mittelfranken steht.
Denn die Form des dortigen Landstücks sieht genauso aus
wie ein Ochsenschenkel. Es handelt sich also um einen ursprünglichen Flurnamen, der dann auf die dortige Ansiedlung übertragen wurde (siehe zum Beispiel auch *Hunger*).
Wann genau diese Übertragung stattfand und woran die
Namensgeber die Ochsenschenkelform bei dem betreffenden Flurstück festmachten, bleibt ein Rätsel. Die Herleitung von

Pilsheim

Kirchdorf, Stadt Burglengenfeld, Landkreis Schwandorf, Oberpfalz

allerdings nicht – auch wenn nun deutlich gemacht werden muss, dass der Ortsname in seinem Ursprung keine Assoziation zu einem kühlen Pils zulässt. Hier kommt *Pils-* nicht von der Biersorte, sondern von dem altbairischen Personennamen **Pülti*. Das ist zu erschließen aus der 1109 erwähnten Form *Pultesheim* des Ortsnamens, in der der Umlaut *-ü-* nicht markiert ist, was bei mittelhochdeutschen Ortsnamenbelegen durchaus häufiger zu beobachten ist. Wer der **Pülti* war und ob er recht gern ein Pils gezischt hat, das gilt es noch herauszufinden. Schlichtweg durch die Aussprache (sogenannte Entrundung; siehe auch Kapitel »Kleine Gebrauchsanweisung«) ging die Form **Pült(e)sheim*, die 1292 als *Pülzheim* mit *z*-Schreibung für den *ts*-Laut bezeugt ist, dann über zu **Piltsheim* und schließlich zu *Pilsheim*. Dass dadurch der erste Namensbestandteil mit der allerdings erst im 19. Jahrhundert im Deutschen gebräuchlichen Bierbezeichnung *Pils*, der Kurzform von *Pilsener Bier*, übereinstimmt, ist allein dem Zufall zu verdanken.

Wer jetzt sagt: »Da geb' ich doch keinen

Pfifferling

Weiler, Stadt Rottenburg a. d. Laaber, Landkreis Landshut, Niederbayern

drauf!«, der sollte bei diesem Ortsnamen, der 1752 bereits in seiner heutigen Form überliefert ist, mal ganz genau hinschauen. Denn der hat nichts mit dem schmackhaften Pilz, sondern mit einem echt bairischen Wort zu tun und das heißt, genau: *Pfifferling* für ein ›wertloses, unbedeutendes Ding‹. Der Ortsname *Pfifferling* dürfte daher ursprünglich ein ziemlich wertloses Stück Land – unfruchtbar oder völlig abseits gelegen – oder auch Besitztümer, die »keinen Pfifferling wert waren«, bezeichnet haben.

Da soll einer durchsteigen! Na, denn

Prost

Einöde, Gemeinde Pleiskirchen, Landkreis Altötting, Oberbayern

Herr Propst! Der gute Mann hielt sich offensichtlich in dem Ort *Albaren* (1180) auf, deshalb findet man in einer Raitenhaslacher Urkunde von 1366 auch den Eintrag *Prost zuw Alboren* und in einem weiteren Schriftstück des Klosters Raitenhaslach von 1438 *Propst zu Albern*. Althochdeutsch *albari*, mittelhochdeutsch *alber* bezeichnete die ›Pappel‹. Die Endung *-en* zeigt wiederum einen örtlichen Bezug an, was für den Ortsnamen eine ursprüngliche Bedeutung ›bei den Pappelbäumen‹ ergibt. Mittelhochdeutsch *brobest*, *probest*, *probst* bezeichnete damals noch ganz allgemein den ›Vorgesetzten, Aufseher‹ und musste nicht unbedingt einen Geistlichen angesprochen haben, könnte hier jedoch möglicherweise den Verwalter eines Besitztums der Zisterzienserabtei Raitenhaslach, die an dem Ort begütert war, gemeint haben.

Jetzt noch einmal zum Mitschreiben: Ein Propst, im ursprünglichen Bedeutungssinn ein ›Vorgesetzter‹ bzw. ›Aufseher‹, hat wohl für den Ort ›bei den Pappelbäumen‹ eine ganz wichtige Rolle gespielt. In unmittelbarer Nachbarschaft findet man auch noch die Einöde *Prostgrub* – das gehörte wohl auch noch zu seinem Bezirk.

1517 ist in Quellen, die im Bayerischen Hauptstaatsarchiv zu finden sind, dann für den Ortsnamen *Brost* zu lesen. *B-* ist hier die an die mundartliche Aussprache angelehnte Schreibform für *P-*. Der Ausfall des *-p-* vor dem *-st* lässt sich ebenfalls sprachwissenschaftlich erklären, spricht sich doch ein einfaches *-s-* in *Prost* leichter als die drei Konsonanten *-pst-/-bst-* in *Propst/Probst*. Und man kommt als echter Bayer einfach nicht drumherum: Bei diesem Wort muss man einfach an *Prost!* denken, das wiederum aus dem Lateinischen *prosit* zu uns kam und übersetzt so viel wie ›es möge nützen‹ bedeutet (von lateinisch *prōdesse* ›nützen‹). Dieser Gedanke ist so naheliegend, dass wahrscheinlich auch die Schreiber in der Amtsstube derart assoziiert und dann statt *Propst* lieber *Prost* notiert haben.

Den Bewohnern von *Prost* möge die namenkundliche Erklärung nun für alle Zeit nützen, unqualifizierte Einwürfe zu ihrem Ortsnamen abzuwehren und entsprechende namenkundliche Aufklärung zu betreiben. Ein wenig Abwehrhilfe können wir auch allen Bewohnern von

Pumpernudel

Einöde, Gemeinde Sankt Wolfgang, Landkreis Erding, Oberbayern, und

Pumpernudl

Weiler, Gemeinde Rudelzhausen, Landkreis Freising, Oberbayern

anbieten. Lautmalerisch gibt der Ortsname zwar einiges her und regt die Fantasie zu allerlei Deutungsversuchen an. Zum Schluss fragt man sich dann aber doch: »Was bedeutet dieser Name tatsächlich?« Weit kommt der Laie hier nicht, denn es ist wirklich ein ziemlich schwieriges Unterfangen, die Bedeutung von *Pumpernudel* zu ergründen. Historische Schriftstücke aus der Gegend helfen uns auf die Sprünge: 1450 steht da zum Beispiel für den Ortsnamen im Landkreis Erding *Pumperluren* geschrieben. Daraus kann man auf einen bairischen Personenbeinamen **Pumperlur* schließen, der jemandem aufgrund bestimmter Eigenschaften zugeschrieben wurde. Schauen wir uns diesen Beinamen mal genauer an: *Pumpern* bedeutet im Mittelhochdeutschen ›hämmern, pochen, lärmend fallen‹ und im Bairischen bedeutet das Wort auch ›laut und heftig klopfen‹. Bairisch *luren* meint ›horchen, besonders staunend aufhorchen‹. **Pumperlur* könnte ein Spottname für jemanden gewesen sein, der sich ziemlich tollpatschig anstellte, wenn er zu *luren,* also heimlich etwas zu beobachten versuchte, und dabei dann immer über irgendetwas fiel und Lärm machte.

Mit *-luren* konnten die Schreiber in den Ämtern in der

Zusammensetzung mit *Pumper-* irgendwann wahrscheinlich nichts mehr anfangen, deshalb kann man in einem bayerischen Ortsverzeichnis von 1820 *Pumperundeln* und zwölf Jahre später in einem weiteren Ortsverzeichnis *Pumpernudel* nachlesen. Die letztere Schreibung mag von der Assoziation mit *Nudel* herrühren, ein Wort, das es nach einer Entlehnung aus dem Grödnerischen *menùdli* für ›viereckige Teigplätzchen in der Suppe‹ im Deutschen allerdings erst seit dem 16. Jahrhundert gibt. Also ist *Pumpernudel* eine relativ moderne Bezeichnung des Orts, an dem wohl einst der **Pumperlur* wohnte.

Beim Ortsnamen *Pumpernudl* im Landkreis Freising könnte die Deutung ähnlich sein, doch fehlen hier leider ältere Belegformen. 1688 ist *auf Pumpernudl* erwähnt. Ob sich der Ort seinen Namen von *Pumpernudel* im angrenzenden Landkreis Erding abgeschaut hat? Wer weiß …

Interessehalber sei an dieser Stelle noch ergänzt: Auch die Bezeichnung *Pumpernickel* existiert im Bairischen, ursprünglich für einen lebhaften bzw. kleinen, untersetzten, plumpen Menschen oder für ein lebhaftes, recht dickes Kind. Der *Pumpernickel* kann im Bairischen auch den Nikolaus meinen, der »anpumpert«, also anklopft. Auch dass ein Schwarz- bzw. Vollkornbrot den Namen *Pumpernickel* trägt, hat seinen Grund: Der lange, vierkantige Brotlaib ist nämlich oft relativ schwer und hat eine harte Rinde. Auf Bairisch sagt man ja auch *pumperhart* ›so hart, dass es pumpert, wenn man daran stößt‹. Und wenn Sie jetzt in

Schweinersdorf

Pfarrdorf, Gemeinde Wang, Landkreis Freising,
Oberbayern

an die Tür pumpern, dann kann es sein, dass Ihnen eine Nachfahrin der *Swanahilta* aufmacht. Denn eine Frau mit diesem schönen althochdeutschen Rufnamen hat für diesen Ort einst wohl eine bedeutende Rolle gespielt, sodass dieser sogar nach ihr benannt wurde. Das belegt der eindeutig auf diese Ortschaft zu beziehende Eintrag *Suuanahiltadorf* (*-uu-* steht hier für *-w-*) aus dem Jahr 908 (Kopie des 12. Jahrhunderts) in einer Freisinger Urkunde und aus dem gleichen Jahr auch in einer Freisinger Traditionsnotiz. In diesen beiden Quellen werden Schenkungen u. a. auch im Zusammenhang mit dieser Freisinger Siedlung erwähnt.

In einer anderen, noch älteren Freisinger Urkunde von 843 ist eine Frau namens *Suuanahilta* als Mutter bzw. Vorfahrin des in den zuvor genannten Quellen genannten Schenkers bezeugt. Damit sind wir auf einen äußerst seltenen Fall gestoßen, der das Herz eines jeden Namenforschers höherschlagen lässt: Man kann hier mit einer gewissen Wahrscheinlichkeit dank den Belegen eine reale historische Person identifizieren. Das ist bei Ortsnamen mit Personennamen im Bestimmungswort wirklich selten.

Im 14. Jahrhundert änderte sich der Name dann in *Sweinhiltzdorf*. Den Schreibern war der Name *Swanahilta* nach dem Hörensagen wohl nicht mehr geläufig und auch der historische Zusammenhang nicht mehr bewusst und so interpretierten sie das mittelhochdeutsche Wort *swīn* für

›Schwein‹ bzw. dessen spätere Form (früh)neuhochdeutsch *Schwein* in den Ortsnamen hinein. Die unbetonte Nebensilbe *-hilt-* schwächte sich nämlich im Mittelhochdeutschen so deutlich ab, dass sie nicht wiederzuerkennen war und man dafür dann *-en-* und *-er-* schrieb. Aus dem Jahr 1411 ist der Ortsname daher als *Sweinenstorff* überliefert, später als *Schweinerstorff*. Und damit ist die eigentümliche Wandlung von einer Frau in ein Schwein auch schon namenkundlich erklärt. Kurz und gut: *Schweinersdorf* hat also ursprünglich mit Schweinen gar nichts zu tun. Bei dem Ort mit dem Namen

Speck

Einöde, Gemeinde Altfraunhofen, Landkreis Landshut, Niederbayern

Einöde, Gemeinde Reischach, Landkreis Altötting, Oberbayern

Weiler, Gemeinde Eurasburg, Landkreis Bad Tölz-Wolfratshausen, Oberbayern

ist das ganz genauso. Denn dieser Ortsname, der u. a. ca. 1166–1168 als *de Spekkin* (Gemeinde Altfraunhofen), 1300 als *Spech* mit *ch*-Schreibung für *ck* (Gemeinde Reischach) und 1354 als *Speck* (Gemeinde Eurasburg) historisch bezeugt ist, kommt vom mittelhochdeutschen Wort *specke* und bedeutet so viel wie ›Knüppelbrücke‹ oder ›Knüppeldamm, Dammweg in sumpfiger Gegend‹.
In der Nähe der Speck-Orte muss es also eine Art Brücke oder einen Damm gegeben haben, der aus armdicken

Rundhölzern gebaut war und der der Siedlung ihren Namen gab. Das ist in der Regel in sumpfigen Gebieten der Fall gewesen, die man irgendwie sicher überqueren musste. Heute könnte es allerdings sein, dass die Sümpfe ausgetrocknet sind und man davon überhaupt nichts mehr sieht. Nicht so in Speck in der Gemeinde Reischach. Dort ist das Gelände noch heute ziemlich sumpfig. Bauern, die dort arbeiteten, haben sogar noch Überreste von hölzernen Knüppeln gefunden.

Ähnlich sumpfig ist es bei Speck am Fatzöder Bach in der Gemeinde Wittibreut. Auch wenn wir hier keine historischen Belege für den Ortsnamen haben, so deutet wohl der Bach mit seinen feuchten Ufern auf die gleiche Namensdeutung hin. Wenn man sich jetzt einen Schreiber in der Amtsstube mit knurrendem Magen vorstellt, dann wird schnell klar, dass er die beiden mittelhochdeutschen Wörter *specke* für ›Knüppelbrücke, Knüppeldamm‹ und *spec* (Genitiv: *spekkes*) für ›Speck‹ leicht verwechseln konnte, zumal *specke* in seiner ursprünglichen Bedeutung offenbar auch schnell in Vergessenheit geriet. Aus sprachwissenschaftlicher Sicht jedenfalls können hieb- und stichfeste Beweise dafür angeführt werden, dass die *Speck*-Ortsnamen in Bayern in der Regel auf mittelhochdeutsch *specke* zurückzuführen sind und nicht auf mittelhochdeutsch *spec*. Darauf weist bereits die Belegform *Spekkin* aus dem 12. Jahrhundert für die Einöde Speck in der niederbayerischen Gemeinde Altfraunhofen hin. Denn *specke* ist im Mittelhochdeutschen ein sogenanntes schwaches Femininum und im Dativ Singular erhält dieses die Endung *-in* bzw. *-en* im Sinne von ›bei der Knüppelbrücke/bei dem

Knüppeldamm‹. Das Wort *spec* hingegen ist ein sogenanntes starkes Maskulinum, welches im mittelhochdeutschen Dativ Singular die Endung *-e* verpasst bekäme, was zu einer Form *Spekke* führen würde. Zudem lassen sich auch noch die bereits beim Ortsnamen *Bierdorf* ausführlich beschriebenen siedlungsgeschichtlichen und namentypologischen Argumente dafür anführen, dass als Benennungsmotiv für die Entstehung eines mittelalterlichen Ortsnamens eine Lebensmittelbezeichnung (wie *Bier* oder hier *Speck*) so gut wie auszuschließen ist.

Wo wir gerade – jedenfalls kulinarisch gesehen – beim Thema »Fett« sind: Ein »g'scheida Ranz'n«, das ist der wohlgeformte Bauchspeck eines gestandenen Bayern, unter anderem auch durch den regelmäßigen Genuss von Brauereiprodukten entstanden, auf den er durchaus mächtig stolz ist. Fitnesscenter, Diäten oder Wellnessfarmen sind ihm in der Regel fremd. Seine

Wampen

Dorf, Gemeinde Thiersheim, Landkreis Wunsiedel im Fichtelgebirge, Oberfranken

ist dem Bayern heilig. Und deshalb, möchte man meinen, ist auch gleich ein Ort danach benannt. Es gibt nämlich das mittelhochdeutsche Wort *wambe, wampe, wamme* für ›Bauch, Wanst‹. Das bezieht sich zwar eigentlich auf gut genährte Tiere, verächtlich wurde der Ausdruck durchaus aber auch beim Menschen benutzt. Der Ortsname hat jedoch nur indirekt mit dicken menschlichen Bäuchen zu tun.

Wampen – 1427 erstmals in einer historischen Quelle als *zu der Wamppen* bezeugt – ist nach hinreichender namenkundlicher Recherche eher im Sinne des bairischen Dialektausdrucks *Moos-Wampen* für eine ›mit Gras überzogene Moorpfütze‹ zu verstehen, die vermutlich von ihrer Form her mit einem wohlgenährten Bauch verglichen wurde. Man stelle sich darunter also lauter kleine Hügelchen vor, also sozusagen »Wampen«, die sich gemütlich-rundlich vom Boden abheben und die mit schönem, weichem Moos überwachsen sind.

Die ursprüngliche Bedeutung des Ortsnamens könnte man also umschreiben mit ›Siedlung bei einem Moor oder bei einem nassen, mit überwachsenen Pfützen durchzogenen Untergrund‹. Und das passt auch ideal zu den realen Naturgegebenheiten vor Ort! Rund um das Dorf Wampen sind heute viele trockengelegte Wiesen zu finden, unterlegt mit tiefschwarzer Torferde. Dort befand sich einst ein Hochmoor mit Moorbirken und sumpfigen Tümpeln, das heute landwirtschaftlich genutzt wird. Ca. 800 Meter von Wampen entfernt liegt sogar noch ein Teil dieses Hochmoores, ganz unverändert – ein Lebensraum für so seltene Tiere wie Kreuzotter oder Schwarzstorch.

So kann man sich irren in einem so täuschend klar klingenden Ortsnamen. Doch weil's gerade so spannend war, bleiben wir bei der echten bayerischen Genießer-Wampen. Da gehören nicht nur regelmäßig ein Schweinsbraten mit Knödel und ein kühles Bier hinein, sondern auch ein guter Wein. Komisch nur, dass der

Weingarten

Einöde, Gemeinde Ruhpolding, Landkreis Traunstein, Oberbayern

Einöde, Gemeinde Rimsting, Landkreis Rosenheim, Oberbayern

Einöde, Gemeinde Erlbach, Landkreis Altötting, Oberbayern

Einöde, Gemeinde Perach, Landkreis Altötting, Oberbayern

vorwiegend in Oberbayern verbreitet ist, nämlich gleich acht Mal. Der Bezirk ist wahrlich überhaupt nicht berühmt für irgendwelche gekelterten edlen Tropfen – dort befindet sich auch kein Weinanbaugebiet. Vor allem in der Gemeinde Rudelzhausen im Landkreis Freising (siehe Ortsnamenregister) und auch im Landkreis Pfaffenhofen (siehe Ortsnamenregister) erstaunt der Ortsname *Weingarten* noch mehr, ist die Gegend doch als Holledau bekannt, wo der berühmte Hallertauer Hopfen herkommt. In Niederbayern gibt es ebenfalls acht Orte mit dem Namen *Weingarten*, in Oberfranken zwei und in Mittelfranken existieren ein *Groß-* und ein *Kleinweingarten*, während in den unterfränkischen Weinanbaugebieten kein Siedlungsname *Weingarten* zu finden ist. Letzteres ist völlig unverständlich, kommen doch 95 Prozent des in Bayern erzeugten Weines aus dem unterfränkischen Maintal. Dort wird seit zwölf Jahrhunderten Wein angebaut. Manifestiert sich hier in den Ortsnamen der alte und immer noch anhaltende Streit zwischen Franken und Altbayern? Wollten die Altbayern den Unterfranken etwa das Wasser bzw. den Wein abgraben, indem sie ihre Ortschaften einfach *Weingarten* nannten?

Betrachten wir mal den Ort *Weingarten* in der Gemeinde Ruhpolding im Landkreis Traunstein genauer: An diesem gebirgigen Nordhang wurde garantiert noch nie Wein angebaut. Klimatisch bedingt wäre hier wohl keine einzige Traube gewachsen. Und auch aus sprachwissenschaftlicher Sicht ist das korrekt. Denn die Belegform *Weingartzrewt* (das *-w-* im Grundwort *-rewt* steht hier für *-u-*) aus dem Jahr 1435 zeigt, dass hier im ersten Namensbestandteil *Weingartz-* ursprünglich ein Genitiv-*s* zugrunde liegen muss, das in der Kombination mit vorausgehendem *t* einen *ts*-Laut ergibt, der dann mit *z* verschriftet wird. Das alles deutet auf eine Genitivform auf *-(e)s* des spätmittelalterlichen Personennamens *Weingart* hin, der dem Rodungsort seinen Namen gegeben haben dürfte. Das Grundwort *-reut* verweist auf einen Ort, der nach einer Rodung entstand. Leute des *Weingart* machten wohl den Landstrich für sich urbar. Sprachlich gesehen wurde das *-reut* dann seit dem 17. Jahrhundert einfach weggelassen und das bekannte neuhochdeutsche Wort *Weingarten* in den Namen eingedeutet.

Die Orte Weingarten in den oberbayerischen Gemeinden Rimsting, Erlbach und Perach könnten allerdings durchaus auf früheren Weinanbau hindeuten. Auch wenn heute nichts mehr davon übrig ist, könnten Menschen im Mittelalter an diesen Orten Reben angebaut haben. Vor allem von Klöstern aus wurde Weinanbau betrieben und diese hatten insbesondere in Oberbayern zahlreiche Besitzungen günstig gelegener Ländereien. Die weiteren 14 Orte mit dem Namen *Weingarten* (siehe Ortsnamenregister) sind allesamt ohne Belegformen. Wenn das nicht eine wunder-

bare Einladung an Sie ist, sich selbst namenforschend auf-
zumachen und zu schauen, welche Deutungsmöglichkeiten auf diese Orte zutreffen könnten.

Die Bayern und postkulinarische Beben

Den Bayern mangelt es also nicht an der Auswahl. Egal, ob sie nun Bier, ein Pils oder Wein zu einem schmackhaften, deftigen Essen trinken, und egal, ob das Gericht nun fränkisch, altbayerisch oder schwäbisch ist, eigentlich kann der Bayer an sich nie genug von all den lukullischen Köstlichkeiten haben – in flüssiger wie in fester Form. Beim Feiern schaut er einen Gast doch recht mitleidig an, wenn der nur zu Vegetarischem oder gar Antialkoholischem greift. Das kann der eingefleischte Bayer nicht verstehen. Wer im Biergarten kein Bier trinkt, sondern nur Apfelschorle, der muss entweder schwanger, Autofahrer oder einfach noch nie opulenten bayerischen Freuden ergeben gewesen sein. Feste feiern, das können die Bayern – im doppelten Wortsinn! Nicht von ungefähr hat das größte Volksfest der Welt, das Oktoberfest, im Freistaat seinen Ursprung. Und das wird von Jahr zu Jahr ausgiebiger gefeiert – im Bierzelt, im Karussell und sogar in der Mode. Auch Nicht-Bayern kaufen sich extra für ihren Wies'n-Besuch eine mehr oder weniger »echte« Tracht. Für den Bayern gehört zum Feiern zwingend der ungezwungene Genuss. Und dennoch ist auch er nur ein Mensch. Deshalb geht es ihm nicht anders als anderen: Wenn er zu viel erwischt hat, dann kommt unter Umständen das große

Elend

Einöde, Gemeinde Perasdorf, Landkreis Straubing-Bogen, Niederbayern

Unglaublicherweise gleich sieben Mal gibt es diesen Ort in Bayern – zwei Mal in Niederbayern, drei Mal in Oberbayern und drei Mal in der Oberpfalz. Also, so schlecht ist das bayerische Essen wirklich nicht! Da können wir sogar von sprachwissenschaftlicher Seite Entwarnung geben, rührt der Ortsname doch von dem mittelhochdeutschen Wort *ellende* her für ›fremdes Land‹ oder besonders auch für ›einsames, unwirtliches Land‹. Das heißt, wenn Sie sich in dem Ort Elend befinden, stehen Sie auf einem recht abgelegenen oder schwer zugänglichen oder besonders unfruchtbaren Landstück. Oder auf einem, das einem anderen, einem ursprünglich Ortsfremden gehört, auf Bairisch heißt das heutzutage auch einem *Zuagroast'n*, also einem ›Zugereisten‹. Das Eigenschaftswort *ellende*, aus dem sich dann später unser neuhochdeutsches *elend* entwickelte, bedeutete im Mittelhochdeutschen noch ›in oder aus einem fremden Land, fremd, fremdländisch, verbannt‹ oder ›geschieden von etwas‹. Erst im Laufe der Zeit entfaltete sich daraus die heute bekannte Bedeutung ›unglücklich, jammervoll‹. Also: Elend ist einem nicht an diesen Orten, wussten wir es doch! Und wie gefährlich es in dem Dorf

Prügel

Dorf, Gemeinde Altenkunstadt, Landkreis Lichtenfels, Oberfranken

sein kann, müsste man erkunden. Auf jeden Fall ist so eine Wirtshausrauferei etwas relativ Normales in Bayern, so eine Art nonverbales »Kräftemessen«. Wer nicht gerade der Mehrheitsmeinung zustimmte, wurde auch schon mal ganz »unbürokratisch« durch eine Tracht Prügel auf Linie gebracht. Laut dem Schriftsteller Ludwig Ganghofer fühlte man nach einer gescheiten Keilerei wieder, dass »man Mensch war und alle gesunden und frohen Lebenskräfte tauchten aus bedrückter Seele neu empor«. Vielleicht rührt das ja auch von den Wurzeln her, die man den Bayern im Volksmund hier und da gerne bescheinigt – offenbar vonseiten der Nichtbayern und wohl auch nur bezogen auf diejenigen Bayern, die in Alpennähe wohnen. Es ist ein Klischee, das sich hartnäckig hält, obwohl offenbar niemand mehr die Quelle kennt: Die Bayern, das sei ein räuberisches Bergvolk am Rande der Alpen, welches sein Leben mit Inzest und Viehzucht betreibe. Wer in so rauer Sitte aufwächst, muss sich ja auch zu wehren wissen!

Ortsnamenkundlich gesehen dürfte es in dem Dorf Prügel weniger eine Rauferei, sondern vielmehr eine Au zu sehen geben. Das belegt u. a. die erste Erwähnung des Ortes aus einem Rechtsbuch des ehemaligen Bamberger Fürstbischofs Friedrich I. von Hohenlohe aus dem Jahr 1348. Dort werden Einnahmen des Hochstifts Bamberg im Amt Weismain u. a. auch *In Pruel* angeführt. 1352 finden sich für diesen Ortsnamen in einer anderen historischen Quelle die Belegformen *Bruel* und *Brül* (jeweils mit dem Zusatz »bei Weismain«). All diese Belege entsprechen dem mittelhochdeutschen Wort *brül* für eine ›bewässerte, mit Büschen bestandene Wiese‹ bzw. für eine ›Au‹. Dazu gab es damals auch eine ostfränkische Nebenform *brügel* mit den gleichen Bedeutungen, die in den historischen Belegen des Ortsnamens *Prügel* erst 1430 zum ersten Mal – hier bereits in seiner heutigen Schreibform mit *P-* – aufscheint und sich schließlich gegen die ältere Form *Brül* durchsetzen kann. Das *P-* erklärt sich ganz einfach als frühneuhochdeutsche Schreibvariante für *B-*, eine Rechtschreibung im heutigen Sinne gab es damals ja noch nicht.

Prügel nach dem Essen sind folglich nicht mehr unbedingt garantiert in Bayern. Doch dass einem nach einem besonders gehaltvollen Mahl mal ein

Pups

Einöde, Gemeinde Feldkirchen-Westerham, Landkreis Rosenheim, Oberbayern

auskommt, das ist manchmal halt einfach nicht zu verhindern. Komischerweise würde man in Bayern, respektive speziell hier im Oberbayerischen, zu dieser menschlichen Fehlbarkeit doch eher *Schoas* sagen. Bitte entschuldigen Sie diese Ausdrucksweise! Doch das ist der korrekte dialektale Ausdruck und damit ist sprachwissenschaftlich gesehen auch glasklar: Mit einem preußischen Pups hat dieser Ortsname rein gar nichts zu tun. Der oberbayerische Ort wurde im 14. Jahrhundert nämlich *Pupfs* geschrieben:

Auszug aus dem Bestand »Klosterliteralien Schliersee Nr. 6/II«
(Blatt 30') aus dem 14. Jahrhundert im Bayerischen Hauptstaats-
archiv München

Das neuhochdeutsche Wort *Pups* für ›Furz‹ gibt es erst seit
dem 18. Jahrhundert, es stammt ursprünglich aus dem
Niederdeutschen und entstand sozusagen »geräuschvoll«.
Lautmalerisch drückt das Wort also seine Herkunft aus. So
entstanden im 18. Jahrhundert die Wörter *pupen*, *Pup*,
Pups und *Pupser*.

Unser Ortsname ist aber – wie soeben erwähnt – wesentlich älter. Im 14. Jahrhundert schrieb man den Ortsnamen
Pupfs, 1468 dann *Puffs*. Und dieses Wort kommt vielmehr
von einem Bei- bzw. Spitznamen, abgeleitet aus dem mittelhochdeutschen Wort *buf* bzw. *puf* ›Stoß‹ für einen plumpen, »anstößigen« oder rücksichtslosen Menschen. Möglich ist auch die Herleitung aus einer Nebenform von *Boff,*
einer Kurzform des alten deutschen Personennamens *Bo-*
defrit. Hier stehen wieder Schreibformen mit *P-* oder *B-*
nebeneinander. Ganz und gar nicht egal ist aber wohl, was
dieser Buf oder Boff so angestellt hat. War er wohl einer, der
für sein Leben gerne Kohlgerichte aß? Wie auch immer!
Auf jeden Fall dürfte nun klar geworden sein, dass man

beileibe kein Kohlesser sein muss, um in Pups zu wohnen. Ähnlich verhält es sich mit

Rausch

Weiler, Gemeinde Herrsching am Ammersee, Landkreis Starnberg, Oberbayern

In diesem Ort trinken die Einwohner sicherlich genauso oft oder genauso selten einen über den Durst wie anderswo. Vielleicht wachsen dort aber einfach nur besonders viele Rauschbeeren, eine bestimmte Sorte aus der Gattung der Heidelbeeren, die in der Volksheilkunde bei Durchfällen und Blasenleiden angewendet wurden. Die Pflanzenbezeichnung *Rausch* ist auch im Deutschen Wörterbuch der Brüder Grimm aus dem 19. Jahrhundert für diese Heidelbeersorte unter der Bezeichnung *Sumpfpreiselbeere* bezeugt, zusätzlich jedoch auch für ein bestimmtes Viehkraut, dessen Verzehr Tierkrankheiten verursachen konnte.

Die Namenforschung bringt uns hier aber wieder einmal auf eine ganz andere Fährte, nämlich erneut auf einen Menschen mit entsprechendem Rufnamen: *Rausch* kommt von dem erschlossenen althochdeutschen Personennamen *Ruguni*, im Genitiv *Rugunes*. Der *Ruguni* gab wohl einst einem -dorf, -heim oder -berg seinen Namen. Diese örtlichen Bezeichnungen sind später dann wohl weggefallen – oder waren gar nie Bestandteil des Ortsnamens, weil man sie sich einfach nur gedacht und den *Ruguni* deshalb gleich automatisch in den Genitiv gesetzt hat – wie ja bei anderen Ortsnamen auch.

Jetzt aber noch einmal im Einzelnen: 1126/27 *de Rogens*, 1204 (Kopie von ca. 1520) *de Ruges*, 1227/28 *de Rûs*, 1362/63 *Rausch* – so hat sich der Ortsname laut historischer Überlieferung entwickelt. Im Mittelhochdeutschen schwächte sich regulär *Rugunes* zu *Rugenes* ab und das unbetonte *-e-* fiel ganz unter den Tisch, sodass *Rugens* übrig blieb. Diese Form entspricht dem ersten Beleg von 1126/27, wenn man davon ausgeht, dass sich da jemand in einer Amtsstube einfach verschrieben hat und damit aus *Rugens Rogens* wurde. Das wiederum ist aufgrund der weiteren namensgeschichtlichen Entwicklung anzunehmen, denn aus dem *-uge-* kann gemäß historischer Lautgesetze ein langes *-ū- w*erden und nur aus einem langen *ū* (und nicht aus einem *o*!) kann später ein *au* hervorgehen.

Das *-sch* am Ende statt des ursprünglichen Genitiv-*s* erklärt sich schließlich aus der Assoziation, die wir anfangs auch hatten. Im Frühneuhochdeutschen steht das Wort *rausch* für ›Trunkenheit‹. Eine Bedeutung, die sich bis heute gehalten hat. Die ursprüngliche Bedeutung des Ortsnamens ist damit im Lauf der Jahrhunderte völlig verschwunden. So kann's gehen, wenn man manchmal zu tief irgendwo hineinschaut.

Übrigens: Das (früh)neuhochdeutsche Wort *Rausch* kommt von mittelhochdeutsch *rūsch* für ›rauschende Bewegung, Anlauf, Angriff‹. Früher meinte man mit dem Rauschen im Kopf noch keinen richtigen Rausch, sondern bloß ein bisserl ein Beschwipstsein, ein Angetrunkensein bei getrübtem Bewusstsein. Erst die neuere Dichtung gibt dem *Rausch* noch eine ganz andere Wendung: Damit ist nämlich auch die intellektuelle Verzückung, die ›seelische

Trunkenheit‹ bzw. das ›Entzücken des Innern bis zum Selbstvergessen‹ angesprochen. Die seltsame Tradition in Bayern, dass ein Heranwachsender erst zum Mann wird, wenn er mindestens einen gescheiten Rausch erlebt hat, bezieht sich allerdings weniger auf die harmlose Bedeutung des Wortes Rausch.

Verrückterweise gibt es noch einen Ort namens *Rausch* in Oberbayern. Hier liegen bislang allerdings noch keine historischen Belege vor, daher kann dieser Ortsname zum jetzigen Zeitpunkt noch nicht gedeutet werden. Auch warum diese beiden Orte ausgerechnet in Oberbayern liegen, bleibt ein Geheimnis – als würde in anderen Teilen Bayerns nie ein Tröpfchen zu viel getrunken!

Wie wir ja bereits festgestellt haben: Es kann gar nicht stimmen, dass einem vom bayerischen Essen

Schlecht

Einöde, Gemeinde Unterwössen, Landkreis Traunstein, Oberbayern

wird oder gar elend ist. Stimmt auch nicht. Denn der Ortsname *Schlecht* geht mal wieder auf einen Flurnamen zurück und der wiederum kommt von dem mittelhochdeutschen Wort *slihte*, was so viel heißt wie ›glatte Fläche, Ebene, Geradheit‹. Genau das bezeugt auch die erste historische Quelle aus der Zeit kurz vor 1300: *Sliht* wurde damals als Ortsname für die Einöde im Landkreis Traunstein zu Papier gebracht. Und tatsächlich ist es bei dieser Siedlung flach wie in Schleswig-Holstein.

Daher verwundert es auch nicht, dass ein ganz bekanntes Werkzeug des Schreinerhandwerks »Schlichthobel« heißt. Das ist ein Hobel, mit dem Holzoberflächen glatt geschliffen werden. »Mundwerklich« gesehen wurde über die Jahrhunderte hinweg sozusagen auch an den Worten geschliffen bzw. entwickelte sich *slihte* schließlich zu *schlicht*, wobei das *-h-* stets als *-ch-* ausgesprochen wurde und lautgeschichtlich korrekt aus dem mittelhochdeutschen *sl-* ein *schl-* entstand.

Die Bayern und
handwerkliche Traditionen

Die Bayern sind bundesweit dafür bekannt, dass sie Traditionen hochhalten – und das gilt auch für das Handwerk. Es waren verstärkt die bayerischen Handwerkskammern, die sich im deutschen Verbund gegen die EU stemmten, weil diese die Meisterausbildung im Handwerk ihrer Meinung nach nicht hoch genug einstufen wollte. Das Argument der Handwerkskammern: Dies bedeute ein Aus für die weltweit höchste Achtung genießende Qualität der handwerklichen Produkte und Leistungen. Da wurden traditionelle Fingerfertigkeiten und Fähigkeiten, althergebrachtes Know-how über Jahrhunderte hinweg weitergegeben, im Lauf der Zeit immer weiter verfeinert, kombiniert mit vertieftem Wissen und hochmodernen Techniken – und dann wollte die EU mit einem Handstreich das alles zunichte machen? Das konnte nicht angehen! Intensiv wurde in Brüssel Überzeugungsarbeit geleistet, bis es Ende 2007 endlich hieß: Die EU erkennt die ausgesprochen hohe Qualifikation deutscher Handwerksmeister an. Die Spitzenleistungen, für die der Meisterbrief steht, sind mittlerweile Vorbild für andere Länder und sogar »best practice« in ganz Europa. Die Leistungen und Produkte vieler bayerischer Handwerksfirmen sind weltweit gefragt, so hat zum Beispiel ein Spengler aus Oberbayern das Metalldach einer

Kathedrale in Sibiren und auch die Überdachungen für das Royal Terminal in Dschidda (Jeddah) gefertigt, wo der saudische König seine Staatsgäste empfängt. Ein Elektrobetrieb aus Mittelfranken erarbeitet und installiert die Lichtkonzepte für Supermärkte und Fastfoodrestaurants in aller Welt. Und es gibt noch zahllose weitere Beispiele für den Export bayerischer Handwerksarbeit.

Eigentlich kann man fast schon von Tradition sprechen, dass alle Welt bei bayerischen Meisterbetrieben anruft, um Qualitätsarbeit zu bestellen. Das bayerische Handwerk findet aber auch in der Heimat, nämlich in den Ortsnamen im Freistaat, seine Tradition – jedenfalls mutet das auf den ersten Blick so an. So könnte in dem Ort

Handschuh

Weiler, Gemeinde Schöfweg, Landkreis Freyung-Grafenau, Niederbayern

wirklich einst ein Handschuhmacher-Meister gewohnt haben – so wie einst in München der Roecklplatz seinen Namen vom Familienunternehmen Roeckl bekam, das dort seinen Sitz hat. Die Firma Roeckl blickt auf eine lange Tradition zurück. Seit 1839 wird das Geschäft von Generation zu Generation weitergegeben. Einst fertigte Roeckl sogar für König Ludwig II. und die legendäre Sisi, Kaiserin von Österreich, Handschuhe. Früher stellte ein Handschuhmacher am Tag zwölf Paar Handschuhe her und wurde übrigens auch »Handschuster« genannt. In Nürnberg gab es 1363 in diesem Handwerk sogar eine Zunft, denn

Im Winter braucht man hier sicher Handschuh' – doch daher rührt der Ortsname nicht!

so nach und nach kam der Handschuh sehr in Mode und jeder wollte ein Paar haben. Nicht mehr nur Adlige oder Bischöfe trugen Handschuhe. Damen fanden so eine Handbekleidung auch schick und parfümierten sie sogar. Im 19. Jahrhundert traten Deutschland, England, Frankreich und Österreich-Ungarn in der Handschuhmacherei in harte Konkurrenz. England beschäftigte um 1850 sogar 40 000 Arbeitskräfte in der Handschuhindustrie. Echte Handschuhmacherei, also reine Handarbeit, gehört heute allerdings zu einer aussterbenden Spezies. Zurzeit gibt es in Bayern nur sechs Handschuhmacher, die das als ihren Hauptberuf sehen und damit in der Handwerksrolle eingetragen sind.

Doch zurück zu unserem niederbayerischen Weiler, der auch nach einem oder mehreren Bewohnern mit dem Familiennamen *Handschuh* benannt sein könnte. Den Beinamen *Handschuh* hat vielleicht jemand bekommen, dessen Markenzeichen es war, stets Handschuhe oder ganz besondere Handschuhe zu tragen, oder der eben von Beruf Handschuhmacher war. Der Herr *Handschuh* bzw. einer seiner Nachfahren gab dann vielleicht eines Tages seinen Namen für die ganze Siedlung her. Auch heute noch erzählen sich die Bewohner von Handschuh eine dazu passende Legende: Der Weiler, ein einzelnes Haus, soll früher Handschuhmann geheißen und dort einst ein Mann gelebt haben, dem eine oder gar beide Hände gefehlt haben sollen. So habe er sich darüber Handschuhe angezogen.

Den Ortsnamen *Handschuh* nur so einseitig zu deuten, würde nicht unserem wissenschaftlichen Anspruch gerecht. Deshalb sei auch noch auf eine weitere mögliche Deutungsvariante hingewiesen: Ähnlich wie schon beim Ortsnamen *Ochsenschenkel* könnte hier vielleicht auch eine Namensübertragung von einem ursprünglichen Flurnamen vorliegen, möglicherweise für ein Stück Land, das – wie auch immer – in irgendeiner Art und Weise einem Handschuh gleicht. Man muss hier also zwei Erklärungsmöglichkeiten in Betracht ziehen: die Herkunft von einem Flurnamen und die von einem Familiennamen. Das Gesamtergebnis dieser Deutung des Ortsnamens *Handschuh* mag unbefriedigend erscheinen, doch lassen sich nur Spekulationen anstellen, wenn – wie in diesem Fall – keine aussagekräftigen historischen Schreibungen des Ortsnamens ausfindig gemacht werden können.

Leder wurde in dem Weiler Handschuh nie verarbeitet – jedenfalls gibt es hierzu keine schriftlichen Zeugnisse und es kann sich daran auch niemand aus der Umgegend erinnern. Was das Handwerk betrifft, ist heute sicher: Die traditionellen Handschuhmacher stehen einer großen Konkurrenz der maschinellen Billighersteller gegenüber und müssen ihre hochwertigen Produkte verteidigen. Ähnlich wie die Korbmacher, die ja vielleicht einst in

Korb

Weiler, Gemeinde Breitenbrunn, Landkreis Unterallgäu, Schwaben

ansässig waren. Auf den ersten Blick könnte man nach dem Vorbild *Handschuh* vermuten, dass der Ortsname womöglich von einem Korb oder Korbmacher herrühren oder auf jemanden zurückgehen könnte, der den anderen ständig einen Korb gegeben hat. Eine Zunft der Korbmacher gab es im Mittelalter in vielen Städten, in München zum Beispiel ab 1590. Eigentlich hatten die Bauernhöfe ihre Körbe immer selbst hergestellt, vom Holzkorb bis hin zum Bienenkorb. Doch irgendwann wurden Körbe in Serie benötigt, in der Fischerei zum Beispiel oder beim Kohlen- oder Salzabbau. Im oberfränkischen Michelau am Main steht heute ein Korbmuseum und das kommt nicht von ungefähr. Hier kam man auf die Idee, die Weiden zu schälen, um die Körbe ansehnlicher zu machen – oder zu spalten und zu hobeln und das Weidenmark zu entnehmen, damit die Ruten elastischer wurden. Im oberfränkischen Lichtenfels werden heute noch in der Staatlichen Berufsfachschule für Flechtwerkgestaltung Korbmacher ausgebildet. Dort lernen die Schüler auch den Anbau von Weiden. Heute sind in der bayerischen Handwerksrolle noch 68 Korbmacher eingetragen.

Der *Korb* oder auch *Korb-Pranger* war im Spätmittelalter auch eine Bezeichnung für eine Ehrenstrafe bei leichteren Vergehen, »eine vorrichtung zum prellen, wodurch der bestrafte mehr spott als schaden hatte«, wie es im Deutschen Wörterbuch der Brüder Grimm aus dem 19. Jahrhundert heißt. So hängte man einen Korb zum Beispiel über einem Fluss auf und setzte den Kleinkriminellen dort hinein – so lange, bis sich die Schlinge löste und der Korb endlich ins Wasser fiel. Vielleicht war der Weiler im Unterallgäu ja auch dafür bekannt, dass hier solche Schandstrafen für Diebe oder kleinere Betrüger vollzogen wurden?

All diese Assoziationen mit *Korb* im früheren wie in unserem heutigen Bedeutungsverständnis sind zwar nicht völlig abwegig, doch die genaue namenkundliche Analyse führt zu einer anderen Deutung und diese hat weder direkt mit einem Korbmacher noch mit einer Strafe zu tun: Um 1180 wurde die Herkunftsbezeichnung *de Chorbe* (mit oberdeutscher *Ch*-Schreibung für *C*- bzw. *K*-) für den Ortsnamen niedergeschrieben. Hier liegt eine latinisierte Form zu mittelhochdeutsch *korp* (Genitiv *korbes*) vor. Für dieses mittelhochdeutsche *korp* sind zwei Bedeutungen überliefert: ›Korb‹ und ›kleines Haus (ursprünglich wohl aus Flechtwerk wie bei einem Korb)‹. Die zuvor genannte Bedeutungsvariante für eine bestimmte Art von Ehrenstrafe ist erst seit dem späten 13. Jahrhundert bezeugt und die Redewendung *jemandem einen Korb geben* hat sich erst seit dem 15./16. Jahrhundert langsam herausgebildet.

Das heißt: In Korb stand/-en wohl mal ein kleines Haus oder auch mehrere kleine Häuser, das/die aus Flechtwerk gebaut war/-en, ganz ähnlich wie auch ein Korb geflochten wird. Eine Bautechnik, die noch aus vorgeschichtlicher Zeit stammt. Die Hausbauer wanden um Pfähle oder Stangen Weiden- oder Haselzweige herum und verklebten das Gerüst schließlich mit Lehm. Das war wie ein

Mantel
Markt, Landkreis Neustadt an der Waldnaab, Oberpfalz

um das Haus herum. Damit wären wir wieder bei einem ganz besonderen Ortsnamen: Der hat sich nämlich durch Legendenbildung hervorgetan. Dass die oberpfälzische Marktgemeinde Mantel in ihrem Wappen tatsächlich einen Mantel trägt, das liegt an der Sage, die man sich dort zur Entstehung des Ortsnamens erzählt: Der Markt stehe heute dort, wo vor Urzeiten ein Räuberhauptmann angeblich seinen Mantel ausgebreitet haben soll, um die Beute unter seinen Gesellen aufzuteilen. Die Räuber seien aber von der

MARKT MANTEL

76

Obrigkeit erwischt worden. Der Mantel des Räuberhauptmanns soll dem Ort seinen Namen gegeben haben. Können Einheimische sich irren?

Nein, sie haben sich wohl vielmehr in die Irre führen lassen. Die Sprachwissenschaft überführt diese Legende der Unwahrheit: Im 14. Jahrhundert ist der Ortsname im Landkreis Neustadt an der Waldnaab bereits in seiner heutigen Form *Mantel* überliefert und hier liegt schlichtweg die mittelhochdeutsche Baumbezeichnung *mantel* für ›Föhre‹ (Kiefer) zugrunde. Und wer sagt's denn: Rund um den Markt Mantel soll es früher auch einen großen Mischwald gegeben haben mit vielen Föhren.

Ein Landwirt aus Mantel in der niederbayerischen Gemeinde Hohenthann untermauert diese Deutung auch für diesen Ortsnamen noch aus familieneigenem Wissen heraus: Ganz in der Nähe des Ortes, sagt er, befinde sich ein Kiefernwald mit einer Größe von ca. drei Tagwerk auf einem Kiesbuckel. Sein Vater habe ihm dazu berichtet, dass der Boden dort so schlecht, weil so kiesig sei, dass dort nur Kiefern wachsen würden.

Wir sehen: Der Ortsname hat also nichts mit einem Räuberhauptmann zu tun, auch nicht mit einem vielleicht längst vergessenen Handwerk des Mantelmachers, sondern mit der waldigen Umgebung des Ortes. Und weil wir gerade dabei sind: Für die Kiefer gibt es im gesamten deutschsprachigen Raum unzählige Bezeichnungen aus den vergangenen Jahrhunderten. Das reicht von *Dälle* über *Farche/Ferche*, *Kien-* und *Schleißbaum* bis hin zu *Vorle* und *Ziegen* bzw. *Zichen* – um nur einige Begriffe zu nennen. *Kienast* ist übrigens der Kiefernast und die *Putzelkühe* sind die Kiefernzapfen. Insgesamt gibt es rund 200 Ortsnamen in Bayern, die auf Kiefern hinweisen. Das geht los u. a. mit *Altziegenrück* beim mittelfränkischen Markt Erlbach über *Farchant* bei Garmisch-Partenkirchen, *Fürholzen* bei Pfaffenhofen an der Ilm in Oberbayern, die oberfränkischen *Forchheim* und *Mandlau* bei Pottenstein, *Unterfarrnbach* bei Fürth bis hin zu *Ziegenrück* beim oberfränkischen Münchberg oder *Zieglöd* beim niederbayerischen Bad Füssing.

Wenn die Manteler das jetzt lesen, müssen sie sich schleunigst überlegen, wie sie den Mantel auf dem Wappen galant durch eine Föhre ersetzen können – oder sie halten aus alter Tradition am Mantel fest und erzählen künftig eine wunderbare Geschichte darüber, was es eigentlich mit dem Ortsnamen auf sich hat – und dass sich hinter dem Mantel auf dem Wappen sicherlich eine Föhre versteckt hält. Dagegen können sich die Bewohner des oberfränkischen Dorfs

Nagel

Pfarrdorf, Landkreis Wunsiedel im Fichtelgebirge, Oberfranken

Dorf, Markt Küps, Landkreis Kronach, Oberfranken

entspannt zurücklehnen. Sie müssten einen Nagel in ihrem Wappen nicht austauschen. Das gilt allerdings nur für die Nageler, die aus dem Pfarrdorf im Landkreis Wunsiedel stammen. Da muss man schon ganz streng sein, denn deren Ortsname ist im 14. Jahrhundert als *Nogel* und 1393 als

Nagel schriftlich bezeugt. Denkbar ist, dass dieser Ortsname *Nagel* wie auch schon *Ochsenschenkel* oder vielleicht ja auch *Handschuh* von einem Flurnamen herrührt, weil das Landstück dort aussieht wie ein Nagelkopf oder so schmal und lang ist wie ein Nagel oder weil es in der Gegend vielleicht einen Felsen bzw. eine Gesteinsformation mit einer nagel(kopf)ähnlichen Form gibt.

Gut möglich wäre auch ein Zusammenhang mit einem Personennamen *Nagalus*, der bereits 819 in den historischen Quellen auftaucht. 1172/73 ist dann die Rede von einem *Perhtoldus Nagel de Russan* und 1287 von einem *Friderico Nagel*. Also könnte sich der Ortsname auch von einem Beinamen *Nagel* herleiten. Dieser wiederum könnte so zu deuten sein, dass der erste Träger dieses Beinamens eine Schmiede betrieben oder Nägel hergestellt bzw. damit gehandelt haben könnte. Die *Nagels* gaben dem Ort dann seinen Namen.

Oder es gab an dem Ort eine besonders gute Nagelschmiede. Früher unterschied man zwischen Grob- und Kleinschmied. Das wären heute der Schmied und der Schlosser. Der Grobschmied fertigte eher Kuhketten, Haken oder Maurerhandwerkszeug, während der Kleinschmied Türbänder, Schließen, Riegel und allerlei rund ums Gebäude übernahm. Fassreifen, Gartenkübel oder auch Nägel durften beide herstellen. Die verschiedensten Arten von Schmieden wurden auch noch weiter differenziert: der Messerschmied, der Hufschmied oder der Pfannenschmied und noch viele mehr. Oftmals wurde auch über die Abgrenzung in diesem Handwerk gestritten, welcher Schmied welche Arbeit machen durfte.

Bleibt nun noch der Name des gleichnamigen Dorfes im Landkreis Kronach. Kaum zu glauben: Mit dem Schmiedehandwerk hat dieses Nagel gar nichts zu tun. Der Ortsname ist in diesem Fall nämlich slawischen Ursprungs. Das lässt sich gut belegen: 1299 wurde der Ortsname *Nåkel* geschrieben, 1371 *Nakel* und 1520 *Nockel.* Die durchgängige historische Überlieferung des Ortsnamens mit *-k-* (und nicht mit *-g-*!) weist auf eine slawische Herkunft hin. Dem Ortsnamen liegt die slawische Ausgangsform **Nakьl* ›feuchter Ort (mit jungen Weiden bewachsen)‹ (vergleiche tschechisch *nåkel* ›sumpfiger oder feuchter Ort, besonders mit niedrigem Weidenbestand‹ und alttschechisch *nåklo* für ›Ort am Fluss, Wasser‹) zugrunde.

Ja, man muss wirklich genau hinschauen in der Namenforschung – bei bestimmten Ortsnamen auf jeden Fall! Und gerade, wenn man denkt: »Dieses Mal weiß ich sicher, woher der Name kommt!«, kann man schon wieder danebenliegen. Manchmal hat man jedoch auch Glück und die auf den ersten Blick offensichtliche Deutung eines Ortsnamens trifft tatsächlich zu.

Die Bayern und ihr Haushalt

Ob die Bayern wirklich je ein »räuberisches Bergvolk« waren oder gar immer noch sind, was der Volksmund einem – wie eben schon erwähnt – weismachen will, darüber lässt sich trefflich streiten. Auch wenn es der Rest der Republik noch immer nicht glauben mag: Dieses rund 12,5-Millionen-Völkchen hat sich weiterentwickelt. Selbst die Emanzipation hat Einzug gehalten in bayerischen Haushalten. Hier existieren viele Lebensmodelle: von der bäuerlichen Großfamilie über die bürgerliche Kleinfamilie mit traditioneller Arbeitsteilung (Mann geht zur Arbeit, Frau bleibt zu Hause) oder mit gleichberechtigter Ehe (beide arbeiten, beide hüten wechselweise die Kinder) bis hin zu alleinerziehenden Müttern oder Vätern sowie gleichgeschlechtlichen Lebenspartnerschaften.

Wie konservativ der eine oder andere Bayer sich heute noch verhalten und leben mag, bleibt jedem selbst überlassen. Viele althergebrachte Haltungen und Einstellungen sind im Freistaat überdacht bzw. von der Lebensrealität überholt worden. Solche soziologischen Entwicklungen spiegeln sich jedoch eher weniger in den Ortsnamen wider. Dafür finden sich darin allerlei sozusagen geschlechtsneutrale Haushaltsgegenstände wie zum Beispiel ein

Bürstenstiel

Einöde, Gemeinde Bernbeuren, Landkreis Weilheim-Schongau, Oberbayern

Die Bürstenstieler leben wahrscheinlich auf einem Stück Land (oder in dessen Nähe), das wohl so aussieht bzw. früher mal so ausgesehen hat wie ein Bürstenstiel. Das war ja jetzt wirklich einfach. Vielleicht leitet sich der Ortsname aber auch von einem Bewohnerbeinamen für einen Bürstenbinder her, der Bürsten herstellte und daher viel mit Bürstenstielen zu tun hatte.

Bevor sich mit Gründung der Städte das Handwerk des Besenbinders herausbildete, fertigten die Frauen ihre Besen für den Hausbedarf selbst. Doch dann stieg der Bedarf an Besen und Bürsten sprunghaft an und der Beruf des Bürstenbinders kam auf. Das Bürstenmacherhandwerk wurde in den vergangenen Jahrhunderten oftmals in abgelegenen Wald- oder Gebirgsgegenden betrieben. Deshalb mussten die Handwerker schließlich ihre Ware auf einen Karren verfrachten und damit ins Land hinausziehen, um alles zu verkaufen. Heute werden Bürsten fast ausschließlich industriell gefertigt. Ein echter Bürstenmacher stellt Spezialbürsten her für Maschinen oder je nach Auftrag und Anforderung. In Bayern gibt es heute noch 48 Pinsel- und Bürstenmacher.

Damit auf zum nächsten Ortsnamen, der traditionell einseitig geprägten Bayern ganz schön zu schaffen macht. Denn in

Hausmann

Dorf, Gemeinde Inzell, Landkreis Traunstein, Oberbayern

leben sicherlich nur versierte Hausmänner, möchte man meinen, und weniger ein Menschenschlag, der von Beruf Sohn ist und sich gerne von Mutti verwöhnen lässt. Es könnte sogar stimmen, dass sich an diesem Ort besonders viele Hausmänner angesiedelt haben. Im Mittelhochdeutschen gab es nämlich den sprachlichen Vorläufer *hūsman* unseres heutigen *Hausmann*. Allerdings war der offenbar noch nicht so emanzipiert wie die Hausmänner von heute. Der frühe Hausmann steckte noch tief in der klassischen Rollenverteilung. Denn *hūsman* bedeutete so viel wie ›Gutsverwalter, Burgverwalter‹. Der war wahrscheinlich mehr als froh, wenn er eine gute Frau daheim hatte, die

Wie wird aus einem Ofen ein Hausmann? – ein klarer Fall für Namenforscher!

83

ihm nach getaner Verwaltungsarbeit jeden Tag die warme Mahlzeit auf den Tisch stellte. Mittelhochdeutsch *hûsman* konnte auch für einen ›zum Haus gehörenden Dienstmann‹ stehen oder schlicht für einen ›Hausbewohner‹ oder ›Mietsmann‹. Diesen Bedeutungen kommt die Zuschreibung unseres heutigen *Hausmann* dann schon wieder etwas näher.

Die Mundart benennt das Dorf in der Gemeinde Inzell interessanterweise nach einem dortigen Anwesen *bain Binndahaisl*, das auf das Bindergewerbe verweist. Demnach dürfte hier also auch ein Fassmacher ansässig gewesen sein. Bei diesem oberbayerischen Ortsnamen *Hausmann* muss man der Fairness halber erwähnen, dass dessen ursprünglicher Name ein ganz ein anderer war: In einem Schriftstück, das auf vor 1300 datiert und heute im Bayerischen Hauptstaatsarchiv verwahrt wird, tritt uns nämlich dieser Ortsname erstmals als *Chalichoven* entgegen – das kommt von dem gleichlautenden mittelhochdeutschen Wort und bedeutet so viel wie ›Ofen zum Kalkbrennen, Kalkbrennerei‹. Diese Öfen benötigte man u. a. beim Hausbau. Wie wurde jetzt aus einem Ofen ein Hausmann? Ein Geheimnis, das ein Namenforscher zum Glück schlüssig lüften kann. Der Ortsname ist weiter 1420 als *Hawsman Chalichhoffn* und 1584 als *Hausmann* schriftlich bezeugt. Da hatte also bereits der Familienname *Hausmann* das ursprüngliche *Chalichoven* als Ortsnamen verdrängt und ersetzt.

Darauf muss man erst mal kommen! Die Deutung der Ortsnamen hat oftmals wirklich ihre Tücken. Auch bei

Kümmel

Dorf, Markt Ebensfeld, Landkreis Lichtenfels, Oberfranken

Die erste Assoziation ist zwar tatsächlich die wahrscheinlichste Erklärung, es sind jedoch auch noch einige andere Deutungsmöglichkeiten vorhanden. Liegt dem Ortsnamen die Gewürzbezeichnung spätalthochdeutsch *kumil* bzw. mittelhochdeutsch *kumel, kümel* ›Kümmel‹ zugrunde, kann hier wirklich auf einen Anbauort für Kümmel geschlossen werden. Weil es in Oberfranken Flurnamen wie *Kümmelmaasacker* gibt, nämlich in der benachbarten Gemarkung Oberküps, oder *Kümmelanger* und *Kümmelwiese am Wald* in der Gemarkung Kleukheim und die *Kümmel(s)wiese* südlich von Kümmel, klingt es ziemlich logisch, dass sich auch der Ortsname von der Gewürzbezeichnung herleiten könnte.

Der Dativ Plural, der in den historischen Belegen 1326–1328 *Kumeln* und 1451 *Kumeln* aufscheint, könnte aber auch auf eine Deutung als ›Siedlung der Kümmelbauern‹ bzw. ›Ort bei den Kümmelbauern‹ hindeuten.

Außerdem sind auch Personenbeinamen überliefert, nach denen ein Herr *Kümmel* ein Gewürzkrämer war. Im Schwäbischen bezeichnete man mit *Kümmel* auch einen ›Sonderling‹. Also könnte sich der Ortsname auch von einem Bei- bzw. Familiennamen *Kümmel* herleiten.

Der Vollständigkeit halber müssen wir nun auch noch eine nicht ganz auszuschließende Herkunftsmöglichkeit aus dem Keltischen erwähnen, auch wenn sie im Vergleich zu den anderen Deutungsvarianten als wenig wahrscheinlich zu bewerten ist. Denn warum sollte sich ausgerechnet an dieser Stelle ein keltischer Geländename erhalten haben, wo die Ortsnamen in dieser oberfränkischen Region doch eher frühdeutsch-slawisches Gepräge haben und dort bisher kein keltischer Name zweifelsfrei nachgewiesen werden konnte? Doch betrachten wir den Beleg von 1137 *Chu*[mele] … (Druck 1801) *Kumele*. Das könnte auch von dem keltischen Wort *cumba* ›Talkessel, Trog‹ kommen. Außerdem könnten schwäbische Siedler das Lehnwort *chumma* ›Mulde, Bergwinkel‹ (belegt ist 1345 im alemannischen Sprachraum *küme* ›Talschlucht, Klinge‹) – hier mit dem Verkleinerungselement *-lī* – mitgebracht haben – auch das ist nicht ganz von der Hand zu weisen. Also, hier werden wir der Weisheit letzten Schluss nicht aufzeigen können, nur die Wege dorthin.

Eines ist jedoch sicher: Heutzutage ist der Kümmel ein ganz wichtiges Gewürz in Bayern. Gehört doch ein Schweinsbraten unbedingt auch mit Kümmel eingerieben, bevor er ab in den

Ofen

Weiler, Gemeinde Wald, Landkreis Ostallgäu, Schwaben

kommt und vor sich hinbrutzeln darf. In *Ofen* werden sicherlich auch viele Schweinsbraten zubereitet und gegessen. So ist das in Bayern. Dabei hat der Ortsname *Ofen* nicht zwingend etwas mit dem herkömmlichen Backrohr zu tun. Diese Orte waren wohl einfach Standorte für allerlei Ofentypen: für Backöfen, Kalköfen oder Ziegelöfen. Speziell hier im schwäbischen Weiler namens *Ofen* geht der Name wohl auf einen Kalkofen zurück. 1433 wurde der Ortsname bereits als *zu dem Ofen* niedergeschrieben. Der Kalkofen half noch – wie eben schon erwähnt – im 15. Jahrhundert beim Bau von Häusern. Und dieser Landstrich im Ostallgäu wurde relativ spät besiedelt.

Außerdem hat man ja früher sein Brot nicht beim Bäcker gekauft, sondern seinen Teig dem Bäcker zum Backen gegeben, dem Ofen-Besitzer halt. Das war wesentlich energiesparender als heute – von wegen eigene elektrische Brotbackmaschine! Das Wort *Ofen* geht übrigens auf mittelhochdeutsch *oven* zurück. Das bedeutete ›Ofen zum Backen, Schmelzen, Brennen, Heizen; Kalkofen‹. Man muss also für den jeweiligen Ortsnamen genau unterscheiden, welche Deutung die richtigere wäre. Eventuell treffen ja auch alle genannten Deutungen zu, weil man einen Kalkofen für den Bau benötigte und einen Backofen zum Brotbacken.

Wie dagegen ein

Pfannstiel

Dorf, Gemeinde Frasdorf, Landkreis Rosenheim, Oberbayern

genutzt werden kann, ist eindeutig. Die Deutung dieses Ortsnamens allerdings auch. Hat der Name doch wiederum ganz viel gemein mit dem *Bürstenstiel*, denn hier handelt es sich auch um einen ursprünglichen Flurnamen. Der beschrieb ein lang gestrecktes, schmales Landstück, das aussah wie ein Pfannenstiel. Jetzt müsste man nur noch wissen, wie sich ein Bürstenstiel im Aussehen von einem Pfannenstiel unterscheidet. Vielleicht fanden die Namensgeber ja auch, dass *Pfannstiel* eleganter klang als *Bürstenstiel*. Mit *im Pfannstiel* ist der Ortsname jedenfalls bereits 1449 in historischen Büchern eingetragen.

Das war jetzt mal wieder eine relativ unkomplizierte Erklärung. Deshalb wenden wir uns der Abwechslung halber gleich einem wesentlich schwierigeren bayerischen »Haushaltsbegriff« zu:

Schuhlack

Einöde, Gemeinde Emmering, Landkreis Ebersberg, Oberbayern

Dass ein Schneider auch Schuhe trägt und dafür einen Schuhlack zum Putzen benutzt, das mag ja noch einleuchten – nur dass der Ortsname von einem Schneider kommt, der an einem Weiher gewohnt hat? Doch genauso könnte es gewesen sein.

1588 sind ein *Kaspar Schneider an der Lag* und ein *Georg ab der Lackhen* bezeugt, 1671 heißt es dann nur noch *ab der Lacken*, 1799 dann plötzlich *Schuchlacken* und 1816 *Schuhlacken*. Da steigt man dann erst wieder durch, wenn man 1816 die Hausnamen dieses Ortes findet: *Schuhanderl* und *Schneider in der Lacken*. So hat wohl ein Schuhmacher namens *Anderl* bei dem kleinen See oder Weiher (= Lacke, Lache) gelebt und somit ist die 1818 erwähnte Ortsnamensform *Schullack* und später *Schuhlack* die geschrumpfte Form des Namens **Schuh-anderl-lack*.

Mit den Hausnamen hat es in Bayern übrigens eine ganz besondere Bewandtnis: In manchen Dörfern ist es heute noch so, dass der Bewohner eines Hofes oder eines Weilers nur nach dem Namen der Person benannt ist, die dort wohnt bzw. wohnte. Es kommt sogar vor, dass die Dorfbewohner dann erst länger überlegen müssen, wie der Hofbesitzer mit seinem amtlichen Familiennamen heißt. Zum Beispiel gibt es den Hausnamen *(beim) Schmiehans* und der Bewohner heißt im Dorf *Schmiehanssepp*. *Schmie* kommt vom Beruf Schmied aus der 1. Generation, *Hans* steht für *Johann*, den Namen aus der 2. Generation, und *Sepp (= Josef)* kommt vom Bewohner aus der 3. Generation. Oder es gibt zum Beispiel einen bairischen Hausnamen *Wastl*, der vom Rufnamen *Sebastian* herrührt. Und dann ruft man die jetzigen Bewohner einfach *Wastlleni* oder *Wastlbeda*, also die *Leni* und der *Beda* (bairisch für *Peter*), die auf dem Hof des (ehemaligen) *Wastl* wohnen.

Aber zurück zu unserem Ortsnamen. Dank der historischen Belege kennen wir jetzt also den Zusammenhang zwischen dem Schneider und der vermeintlichen Schuhcreme. Somit können wir immer noch getrost in den

Spiegel

Weiler, Gemeinde Wackersberg, Landkreis Bad Tölz-Wolfratshausen, Oberbayern

schauen, auch wenn die Deutung dieses Ortsnamens ohne ältere Belegformen nicht zuverlässig erforscht werden kann.

Doch analog zum Ortsnamen *Spiegel* im Württembergischen lässt sich dann doch aussagen, dass sich ganze fünf Deutungsmöglichkeiten in dem Ortsnamen widerspiegeln können: Entweder stand in oder an der Siedlung Spiegel mal eine ›Spiegelhütte‹ (mittelhochdeutsch *spiegelhütte* ›Ort, wo Glas- oder Metallspiegel hergestellt werden‹), also eine Spiegelschmiede. Das ist aber nach Auskunft der Handwerkskammer für München und Oberbayern so gut wie auszuschließen, da Glas- und Spiegelhütten in Bayern ausschließlich im Bayerischen Wald vorkamen. Es muss aber nicht gleich eine ganze Spiegelschmiede sein. Die Handwerkskammer weist auch darauf hin, dass es etliche Glaser gibt, die individuell Spiegel anfertigen.

Oder eine Familie namens *Spiegel* gab der Siedlung ihren Namen. Dieser Familienname kann entweder auf eine Sippe der Spiegelmacher oder Brillenmacher zurückgehen, denn mittelhochdeutsch *spiegel* steht für ›Spiegel aus Metall oder Glas; Brille‹, oder auf eine Person, die besonders vorbildlich war, denn im Mittelhochdeutschen konnte *spiegel* auch so viel wie ›Vorbild‹ bedeuten. Der Ortsname könnte auch von einem Hausnamen *zum Spiegel* herrühren oder – ganz kurios – auf den Namen für einen Ort mit einem Wachtturm. Mittelhochdeutsch *spiegel* konnte nämlich auch für ›Wachtturm, Warte im Vorfeld einer Stadt‹ stehen. Hier hat man also die Qual der Wahl oder besser gesagt: Sie können sich einfach die Ihrer Meinung nach passendste Version raussuchen – so liberal geht's schon auch zu im oft als so konservativ gescholtenen Bayern.

Die Bayern und
die Liberalitas Bavariae

Die Bayern lassen – scheinbar – aber auch gerne mal ihre bayerische Lebensart in die Ortsnamen mit einfließen. »Bayerisches Leben ist immer gesicherter Lebensvollzug reiner Freude«, sagt der niederbayerische Kabarettist Bruno Jonas. Und wenn man sich getreu an dieses Motto hält, ganz nach der Devise »Leben und leben lassen«, dann versteht man allmählich, was echt bayerisches Leben wirklich ausmacht. Dass die Bayern nicht aus der Ruhe zu bringen sind, ist allein schon an dem weit verbreiteten Typisch-Bayern-Motto »Mia san mia« abzulesen. Wer so in sich ruht, sein Selbstbewusstsein aus sich und seiner Herkunft schöpft, den haut so leicht nichts und niemand um. »Liberalitas Bavariae« nennt man das auch. Und so leben die Bayern auch völlig gelassen in Ortschaften wie

Bellen
Weiler, Gemeinde Rettenberg, Landkreis Oberallgäu, Schwaben

Man könnte vermuten, dass dort sehr viele, ungemein laute Hunde leben oder sich dort vor allem Hundezüchter angesiedelt haben. Doch dieser Ort hat wirklich gar nichts mit der Sprache der Hunde zu tun. 1419 ist der Ortsname überliefert als *auf der Bál*, 1451 dann als *zu (den) Bálen … zenn Bälen*, später als *Pellen* und *Bällen* und seit dem 17. Jahrhundert schließlich als *Bellen*. Wer genau hinschaut, der erkennt hier die Dativ-Plural-Form (mit Örtlichkeitsbezug) des schwäbischen Wortes *Belle* für ›Pappel‹ und somit die Namensbedeutung ›bei den/unter den Pappeln‹.

Der Bezug zur Pappel ist gar nicht so abwegig, heißt es doch in einer Quelle von 1501/02, bezogen auf eine Person aus dem Ort Bellen: *Peter Rûst underm Alber*. Im Mittelhochdeutschen – das hatten wir ja schon beim Ortsnamen *Prost* – ist *alber* die ›Pappel‹. Hat man hier doch einfach den mittel- bzw. frühneuhochdeutschen Ausdruck für den Pappelbaum dem schwäbischen vorgezogen, später aber dann doch wieder den schwäbischen verwendet – für die namenkundliche Recherche ein untrüglicher Beweis dafür, dass man sich auf der richtigen Spur befindet. Bei

Fischen im Allgäu

Pfarrdorf, Landkreis Oberallgäu, Schwaben

gerät man auf den ersten Blick nicht so leicht aus der Spur wie bei *Bellen*. Hier lässt sich aus der allerersten Erwähnung sehr viel herauslesen: 860 *Viskingun*. Klingt irgendwie schwedisch, geht aber auf das althochdeutsche Wort **fiskjo* für ›Fischer‹ zurück, wobei die Endung *-un* auch hier wieder auf den Dativ Plural mit Örtlichkeitsbezug hinweist. Damit ergibt sich als ursprüngliche Bedeutung für den Ortsnamen ›(Siedlung) bei den Leuten des Fischers‹ oder ›bei den Leuten, die zum Fischer gehören‹ – passt zwar auch auf einen schwedischen Ort, ist aber für einen schwäbischen bezeugt.

Verfolgen wir den Ortsnamen akribisch über die Jahrhunderte hinweg weiter, ergibt sich folgende Belegreihe: 905 *Fiskina*, 1275 *Vischi*, 1366 *Vischen* und 1791 schließlich *Fischen*. 1179 wurde der Name laut einer Kopie aus dem 17. Jahrhundert *Vischin* geschrieben und 1182 – auch laut einer späteren Kopie – *Piscina*. Diese Form ist als eine Latinisierung der mittelhochdeutschen Form *Vischen* zu erklären. Das war bei Ortsnamen damals noch so eine Art Avantgarde. So richtig in Mode kam die Latinisierung erst im 15./16. Jahrhundert, zur Zeit des Humanismus. Wer was auf sich hielt, dachte auch früher schon global, ließ sich also aus Italien und von den klassischen Hochsprachen inspirieren und schrieb seinen Namen auf Lateinisch – das galt vor allem bei Familiennamen nicht nur als schick, sondern auch als gebildet. So hieß der Herr *Krämer* plötzlich Herr *Cremerius* oder die Frau *Michels* auf einmal Frau *Michaelis*, Herr *Schneider* nannte sich Herr *Sartorius* oder Frau *Bauer* Frau *Agricola*.

Heute kommen Modewörter nicht mehr aus dem Lateinischen, vielmehr aus dem Englischen. So ist das mit der Mode. Sie wechselt von Zeit zu Zeit und von Ort zu Ort. Man muss zwar nicht jede Mode mitmachen, doch für die Namenforschung sind solche Moden wichtige Indikatoren für die Deutung von Namen. So kann man auch bei

Nagelringen

Einöde, Gemeinde Maierhöfen, Landkreis Lindau (Bodensee), Schwaben

ganz gut zurückverfolgen, aus welcher sprachmodischen Epoche der Ortsname stammt, und zwar aus der mittelalterlichen Zeit der Schwertträger. Denn *nagelrinc* bezeichnete auf Mittelhochdeutsch den Ring am Schwertgriff. Wahrscheinlich war ein Schwert mit genageltem Knauf gemeint. 1290 wurde der Ortsname auch *Nagilrinc* geschrieben, wobei das erste *-i-* hier für *-e-* steht. Vielleicht wurden in *Nagelringen* ja einst Schwerter mit so einem Griff hergestellt oder man konnte sie dort kaufen. Möglich ist auch, dass der Landstrich *Nagelringen* so aussah wie der Ring um den Schwertgriff und der Ort deshalb so getauft wurde. Der Name wäre dann ähnlich wie bei *Ochsenschenkel*, *Bürstenstiel*, *Pfannstiel* oder *Handschuh* vergeben worden.

Auch die Namenforschung stößt bisweilen an ihre Grenzen. Bei mancher Deutung müsste man sich per Zeitmaschine zurückversetzen können, um zu verstehen, wie Orte zu ihren Namen gekommen sind oder wie es dort zum Zeitpunkt der Entstehung des Ortsnamens ausgesehen hat. Bei

Rumgraben

Dorf, Gemeinde Bergen, Landkreis Traunstein, Oberbayern

lässt sich nur vermuten, dass der so benannte Ort vielleicht einmal von einem schweren Sturm heimgesucht worden sein könnte, der viele Bäume wie Streichhölzer umgeknickt

Diese Haustafel zeugt von der Gebietsreform 1971, die Bayern eine neue Verwaltungsstruktur bescherte. Viele Jahrhunderte zuvor befand sich in Rumgraben nur Wildnis.

haben könnte. Oder warum sonst ist der Ortsname 1125–1147 als *Ronigrim* überliefert und etwas später auch als *Ronegingrim*? Mittelhochdeutsch *grim* bedeutet ›Wildheit‹ im Sinne von ›Wildnis‹ und *ron(e)* ›umgefallener Baumstamm‹; das mittelhochdeutsche Adjektiv *rönic, ronec* steht für ›voll von Ronen‹. Für den heute recht lustig anmutenden Ortsnamen *Rumgraben* lässt sich somit eine mittelhochdeutsche Ausgangsform *ze dem ronegen grim(e)* ›bei/ in der von umgefallenen Baumstämmen gekennzeichneten Wildnis‹ erschließen.

Dass der Ort mittlerweile *Rumgraben* heißt, kann man

ebenfalls anhand der Belege aus den Archiven nachvollziehen: 1450 *auf dem Rungraben* und 1752 *Dorff Rumgraben*. Hier wurden auf der Grundlage der mundartlichen Aussprache des Ortsnamens (*Rumgrom*) offensichtlich die (früh)neuhochdeutschen Wörter *rum* (Kurzform von *herum*) und *Graben* (bairisch *Grom*) in den Ortsnamen hineininterpretiert. Bairisch *Grom* für ›Graben‹ klingt ja schon so ähnlich wie *grim* und konnte daher relativ leicht in den zweiten Namensbestandteil hineininterpretiert werden, zumal sich lautgesetzlich das -*i*- in *grim* auch zu einem schwach artikulierten Vokal abschwächen und somit nicht mehr eindeutig als ursprüngliches -*i*- identifiziert werden konnte. Dass bairisch -*grom* im Ortsnamen dann in der hochdeutschen Form -*graben* geschrieben wird, ist sicherlich nicht verwunderlich. Auch die Entwicklung von *Roni*- zu *Rum*- ist vor dem lautgeschichtlichen bzw. dialektalen Hintergrund relativ naheliegend. Der unbetonte Nebensilbenvokal -*i*- konnte auch hier regulär abgeschwächt und schließlich ganz ausgestoßen werden. Aus der Konsonantenfolge -*ng*- in der dadurch entstandenen Form **Rongrim* wird im Bairischen gerne mal ein -*mg*-, sodass man nach der eben erwähnten Eindeutung von -*grom* zu einer Form **Romgrom* gelangt. Die Entwicklung von *Rom*- zu *Rum*- erfolgte dann wohl auch, um die in dem Namen nun doppelt vorhandene Silbe *rom* voneinander zu unterscheiden (sogenannte Dissimilation). Alles in allem lässt sich hier gut nachvollziehen, wie in Ortsnamen einst aufgrund von Lautähnlichkeiten Eindeutungen vorgenommen wurden, die die ursprüngliche Herkunft und Bedeutung des Namens völlig verschleiern. Auch heute kommt es ja noch oft vor, dass sich Sachverhalte, die man nur vom Hörensagen kennt, hartnäckig halten und weiterverbreiten.

Nun wissen wir, dass die Rumgrabener höchstwahrscheinlich nicht ständig irgendwo herumwühlen. Was aber machen wohl die Bewohner von

Schafwaschen

Weiler, Gemeinde Rimsting, Landkreis Rosenheim, Oberbayern

den ganzen Tag lang? Den Ortsnamen gibt es so bereits seit dem 12. Jahrhundert. Weil Ortsnamen in der Regel keine direkten Verben enthalten, kann der hintere Teil von *Schafwaschen* nur vom bairischen Wort *wasch* für ›Wäsche‹ kommen. Und jetzt bitte alle Augen auf die Endung *-en*: Sie zeigt wieder eine Dativform an und diese drückt wiederum einen örtlichen Bezug aus: ›bei der Schafwäsche‹. Ob es sich bei dieser »Schafwäsche« um ein einmaliges oder um ein wiederkehrendes Geschehen handelte, lässt sich heute nicht mehr zweifelsfrei nachvollziehen.

Geht man von einem einmaligen Ereignis aus, so ist anzunehmen, dass es in Schafwaschen gewiss keine Selbstbedienungswaschanlage für Schafe gegeben hat, sondern hier, am Rande des Chiemsees, die Schafe möglicherweise mal im Wasser standen, weil der See über die Ufer getreten war und die Weidefläche überflutet hatte – vielleicht sogar in der *Schafwaschener Bucht*, die heute noch unter diesem Namen in der Chiemseeregion bekannt ist. Doch hundertprozentig gesichert ist das nicht.

Etwas glaubhafter erscheint die Annahme, dass in der Schafwaschener Bucht des Öfteren Schafe gewaschen wurden. Franz M. Huber, der eine Geschichte der Nutztiere im alten Bayern verfasst hat, erinnert sich, dass noch in der Nachkriegszeit die Schafe in einen Bach (bei einer seichten Stelle) getrieben wurden und ihnen vor dem Scheren das völlig kotverschmierte Fell gewaschen wurde – ein ganz normaler Vorgang, für den sich diese Bucht am Chiemsee offenbar bestens eignete.

Welche Deutung nun die wahrscheinlichere ist, auch darüber dürfen sich Namenforscher, Historiker und Laien gerne weiter den Kopf zerbrechen. Völlig unumstößlich dagegen ist, dass Bewohner von

Schnattern

Weiler, Gemeinde Gestratz, Landkreis Lindau (Bodensee), Schwaben
Einöde, Kreisfreie Stadt Kempten, Schwaben

weder besonders viele Gänse besitzen noch selbst zwingend viel reden. Der Ortsname kommt vom schwäbischen Wort *Schnatteren* und das steht für ›Moosbeeren‹. 1367 ist der Weiler im Lindauer Landkreis als *zu den Snattrun* historisch überliefert und die Einöde, die zu Kempten gehört, 1394 als *Schnattrun*. In beiden Orten gab es wohl mal ziemlich viele Moosbeeren, die wiederum recht häufig in Hochmooren vorkommen. Die Moosbeeren sind ein kriechendes Heidekrautgewächs mit roten Beeren und braunen Flecken. Als Saft genossen, soll diese Pflanze das Immunsystem stärken. Zur Abwehr ganz anderer Art könnte man in

Schnitzen

Einöde, Markt Sulzberg, Landkreis Oberallgäu, Schwaben

fündig werden, dessen Namensgeber mit Armbrüsten zu tun gehabt haben könnten. Denn mittelhochdeutsch *snitzære, snitzer* bezeichnete nicht nur den ›Holz- oder Bildschnitzer‹, sondern auch den ›Armbrustmacher‹. Die Ortsbezeichnung von 1451 *ze Schnitzen* deutet darauf hin, dass hier die Familie *Schnitz* gewohnt hat, die Kurzform des Bei- bzw. Familiennamens *Schnitzer*. Bewohner namens *Schnitz* bzw. *Schnitzer* gaben dem Ort wohl seinen Namen, was auch immer sie »schnitzten«: Skulpturen, Bilder oder Armbrüste.

Es verwundert wirklich nicht, dass dieser Ortsname in Schwaben existiert, sind doch gerade Oberammergau und Umgebung für ihre Holzschnitzkunst weltweit berühmt. Die ist dort übrigens schon im Mittelalter entstanden und hatte im 18. und 19. Jahrhundert als sogenannte Herrgottsschnitzerei ihre absolute Blütezeit. Damals schnitzten die Oberammergauer allerlei Heiligenfiguren quasi im Akkord. Sie hatten die Messer sogar an ihre Ellenbogen gebunden und formten damit in null Komma nix eine gewünschte Figur aus dem ursprünglichen Holzblock. Heute ist der Handwerksberuf Holzbildhauer vor allem bei Frauen sehr beliebt. Das kann man vom Beruf des Steinhauers nicht behaupten. Dafür aber, dass der Ortsname

Steinbeißen

Weiler, Stadt Landau an der Isar, Landkreis Dingolfing-Landau, Niederbayern

von einem Steinmetz herrühren könnte. Frühere Generationen haben die Mundartform des Ortsnamens stets als *Steinbeißer(hof)* oder *beim Steinbeißer* überliefert. Dass aus dem *Steinbeißer* dann *Steinbeißen* geworden ist, das liegt wohl mal wieder an den Beamten, die später in Anlehnung an das neuhochdeutsche Wort *beißen* einfach ihres Amtes walteten. Das zeugt von einer Kreativität, die man den Insassen bayerischer Amtsstuben von anno dazumal nicht zugetraut hätte. Da sieht man's mal wieder: Die Bayern sind doch immer wieder für Überraschungen gut!

Die Bezeichnung *Steinbeißer* ist aus einer Ableitung auf *-er* zu mittelhochdeutsch *steinbīz* im Sinne von ›das Steinebrechen‹ bzw. ›Steinbruch‹ hervorgegangen. Vielleicht war *Steinbeißer* ursprünglich also ein Spottname für einen Steinhauer, Steinmetz oder Steinbrucharbeiter oder einfach für jemanden, der in der Nähe eines Steinbruchs gewohnt hat. Vielleicht gab es in Steinbeißen auch Leute, die die Fischart Steinbeißer gezüchtet haben oder solche Fische häufig gefangen bzw. sie besonders gerne gegessen haben. Allerdings sind weit und breit rund um Steinbeißen weder Überreste eines Steinbruchs noch Hinweise auf das Vorkommen von Steinbeißern in den Gewässern dieser Gegend, etwa im Salehner Bach oder in der Vils, zu finden. Auch für verschiedene Vögel mit dicken und robusten Schnäbeln, die damit sehr geschickt zum Beispiel die Kirschsteine öffnen bzw. brechen konnten, um sich den

Kerninhalt herauszuholen, ist die Bezeichnung *Steinbeißer* zumindest historisch vom 16. bis 19. Jahrhundert bezeugt. Aus all dem lässt sich schließen, dass Herr und Frau Steinbeißer ihren Familiennamen wohl durch Ansiedlung von woandersher mitgebracht haben dürften. *Steinbeißer* war dann offenbar auch der Haus- und Hofname der entsprechenden Bewohnerfamilie, der dann auf den ganzen Weiler überging.

Die Bayern und die Globalisierung

Die Bayern gelten ja nördlich des Weißwurstäquators (wo genau diese von Bayern erdachte Kulturgrenze verläuft, darüber ist man noch uneins: entlang der Donau, des Mains, des 49. Breitengrades oder im Umkreis von 100 Kilometer rund um München) wegen ihres Dialekts heute bisweilen noch als hinterwäldlerisch – und manchmal ist es ja auch gar nicht schlecht, unterschätzt zu werden! Wirtschaftlich gesehen haben sie den Sprung vom Armenhaus zum Boomland geschafft – vom Agrar- zum Hightech-Standort. Doch zugleich sind sie auch weit davon entfernt, lieb gewonnene Traditionen aufzugeben.

Bayern, die etwas auf sich halten, haben halt einfach das »Sowohl-als-auch« komplett verinnerlicht und pflegen es auch. Das hat Altbundespräsident Roman Herzog mit dem Ausdruck »Laptop und Lederhose« ziemlich gut auf den Punkt gebracht. Kein Wunder, dass die Christsozialen diesen Spruch gleich ihrer Partei einverleibt haben.

In Bayern wird das Brauchtum noch gepflegt und an besonderen Feiertagen trägt man in einigen Regionen auch noch pflichtgemäß Tracht – wobei zu den besonderen Feiertagen auch die gesamte Laufzeit der Wies'n zählt. Andererseits denkt der Bayer auch modern, verwehrt sich dem Blick in die Zukunft nicht. Wirtschaftlich gesehen ist das abzulesen an den vielen Forscher- und Gründerstätten im

Freistaat. Und: Hier versammeln sich auch die Universitäten mit Prädikat. Geforscht wird, was das Zeug hält – in allen nur möglichen Disziplinen: Luft- und Raumfahrt, Biotechnologie, Kommunikationstechnologie, Informationstechnik, Automobilbau, Medizintechnik, Physik und, und, und – und natürlich in der Sprachwissenschaft.

Das war schon immer so. Erinnern wir uns zum Beispiel an den Münchner Bauingenieur und Wasserkraftpionier Oskar von Miller. Er baute das weltweit erste Speicherkraftwerk der Welt: das Walchenseekraftwerk, 1924 in Betrieb gegangen. Er war zusammen mit Marcel Depréz der Erste, dem die Übertragung von elektrischem Strom über eine Strecke von 60 Kilometern gelang. Von Miller schaffte später den Durchbruch bei der Wechselstromübertragung. In Bayern wurden also die Weichen gestellt für ein Stromnetz, von dessen Struktur und Leistungsfähigkeit wir heute noch profitieren. Von Miller initiierte übrigens auch den Bau des renommierten Deutschen Museums in München. Er ist nur einer von vielen klugen Köpfen aus Bayern. So kam auch Carl von Linde aus dem Freistaat, der Erfinder der Kältetechnik und Begründer der heutigen Linde AG, ohne den wir wohl heute immer noch keine Tiefkühlkost aufbewahren könnten.

Und dass die europäische Kontrollstation für den Weltraum in Bayern steht, das ist letztlich ein untrügliches Zeichen dafür, dass der Freistaat zumindest den Daumen draufhält auf die menschliche Expansion über unseren Globus hinaus. Der Bayer lässt sich also auch vom Streben aller in die Welt hinein nicht die Butter vom Brot nehmen. »Think local, act global!« – der Spruch könnte aus dem

103

bayerischen Freistaat stammen. Bayern sieht sich als Nabel der Welt, ist überall und international und gehört schließlich auch zu den meistexportierenden Bundesländern. Das beweist der Freistaat auch bei so manchen Ortsnamen: Sie muten zwar wie Anglizismen an, die der traditionsbewusste Bayer ja eigentlich komplett ablehnt, gehen jedoch auf regionale Sprachtraditionen zurück. So hat

Mail

Einöde, Gemeinde Brannenburg, Landkreis Rosenheim, Oberbayern

natürlich nichts mit der inzwischen eingebürgerten Bezeichnung für einen elektronischen Brief zu tun. Nein, viel besser: Die Oberbayern haben den Ortsnamen über die Jahrhunderte hinweg durch ihre mundartliche Aussprache des Namens mehr oder weniger von selbst kreiert.

1390–1459 ist der Ortsname noch als *Mawrach* (mit -*w*-Schreibung für -*u*-) überliefert, 1562 als *Maurach, jetzt bei Mejel.* 1711 wird ein *Georg Estner beim Meyerl* genannt. Diese letzten beiden historischen Belegformen zeigen, dass der heutige Ortsname *Mail* (mit typisch bairischer -*ai*-Schreibung) auf die Mundartform *Meil* für den Namen *Meierl* zurückgeführt werden kann. Der Familienname *Meierl* ist die bairische Kose- bzw. Verkleinerungsform auf -*l* von *Meier*. Und ganz egal, ob einer sich jetzt *Meier, Maier, Meyer, Mayer, Mayr* etc. schreibt, der Name ist hervorgegangen aus dem mittelhochdeutschen Wort *mei(g)er* (entlehnt aus lateinisch *māior* ›größer‹ = Komparativ von

104

māgnus ›groß‹) mit der wörtlichen Bedeutung ›der Größere, Angesehenere, Höherstehende‹.

Mit *Meier* wurde im Mittelalter (etwa vom 12. Jahrhundert an, hier insbesondere im schwäbisch-alemannischen Raum) in der Regel ein ›Oberbauer‹ bzw. ›Großbauer‹ bezeichnet, der quasi als ›Beamter‹ im Auftrag des Grundherrn die Aufsicht über die Bewirtschaftung der Hofgüter führte und in dessen Namen die niedere Gerichtsbarkeit ausübte. Vielleicht war der *Meierl* der Sohn des *Meier* oder der *Meier*, der weniger Rechte als ein anderer hatte, oder einfach ein kleinerer Bauer. Englisch konnte der wahrscheinlich nicht sprechen. Doch das braucht man in der Regel ja nicht in Bayern. Denn hier steckt auch hinter dem Ortsnamen

Mailing

Weiler, Stadt Ebersberg, Landkreis Ebersberg, Oberbayern

etwas ganz anderes, als uns die allwissende Internet-Enzyklopädie »Wikipedia« weismachen will: *Mailing* sei »ein klassisches Werbemittel im Direktmarketing […] Eine persönlich adressierte, massenhaft vervielfältigte Briefsendung wie zum Beispiel Einladungen, Werbebriefe, Kataloge oder Infobriefe.« Da müssen wir klar widersprechen, auch dem allseits bekannten und beliebten Kabarettisten Gerhard Polt. Für ihn ist »Mai Ling« eine treue Asiatin, die er sich in einem Katalog ausgesucht und in den Freistaat importiert hat – ein sarkastisches Polt-Stück über Menschenhandel der heutigen Zeit. Zugegeben, der Ortsname *Mai-*

ling ist vielleicht auch ein Import, allerdings mitnichten aus einem Katalog. Allenfalls müsste man noch wissen, woher die Person namens *Mīlo* stammt, die dem Weiler im Landkreis Ebersberg einst seinen Namen gegeben hat. Diese Herleitung lässt sich aus historischen Belegformen wie 1417 *Meyling* oder 1431 *Meiling* erschließen. Das ursprünglich germanische Namenelement *-ing* drückt immer eine Zugehörigkeit aus. Die Leute, die ursprünglich im Ebersberger *Mailing* wohnten, gehörten also alle – auf welche Art und Weise auch immer – zu einer Person namens *Mīlo* und nicht wie oben beim Ortsnamen *Mail* zum bairischen Familien- bzw. Kosenamen *Meierl*. Denn dieser ist erst seit dem 14./15. Jahrhundert bezeugt und Ortsnamen mit der Endung *-ing* wurden bereits ein paar Hundert Jahre früher, im Frühmittelalter gebildet. Kommt letztlich also nur der Personenname *Mīlo* als Basis für den Ortsnamen *Mailing* in Frage. Aus dem langen *-ī-* in *Mīlo* wurde im Laufe der Zeit ein *-ei-*. Das ist lauthistorisch gesehen eine ganz normale Entwicklung. Und warum schreibt sich der Ort Mailing dann heute nicht *Meiling*? Auch hier gibt es eine plausible Erklärung: *-ai-* ist die bairische Schreibvariante von *-ei-*, die sich beim vorliegenden Ortsnamen bis heute gehalten hat.

Frühe Anglizismen als Herleitung sind beim Ortsnamen *Mailing* auch schon deshalb ausgeschlossen, weil es damals mit Sicherheit noch kein Internet gab. Man befand sich wirklich noch in einer völlig anderen Zeitblase. Da konnte es schon mal ein paar Wochen dauern, bis ein Brief seinen Weg von A nach B zurückgelegt hatte.

Deshalb wäre es auch falsch, anzunehmen, dass in

Quick

Einöde, Gemeinde Hohenpolding, Landkreis Erding, Oberbayern

Weiler, Gemeinde Burgkirchen an der Alz, Landkreis Altötting, Oberbayern

alles zwingend immer »zack, zack!« geht. Quick ist auch nicht der Entstehungsort für die gleichnamige Zeitschrift, die sich 44 Jahre lang auf dem deutschen Markt hielt und angeblich die erste Illustrierte in Deutschland nach dem Zweiten Weltkrieg war. Neben »Bunte« und »Stern« setzte sie dann in den 1960er- und 1970er-Jahren auf die Sexwelle mit Oswalt Kolle. Doch als diese lange vorbei war und die Zeitschriftenredakteure händeringend versuchten, dem Blatt ein anderes Image zu verpassen, brach das dem Verkaufserfolg das Genick.

Mit modernen Marketingmethoden hat man bei der Namengebung des Ortsnamens *Quick* allerdings weniger gearbeitet, vielmehr mit möglichst treffenden Beschreibungen der örtlichen Gegebenheiten – und war damit erfolgreich. Denn richtig ist, dass Quick im Landkreis Erding an einer Kreuzung liegt: Hier mündet in die Straße Taufkirchen-Münchsdorf der von Burgharting kommende Weg. Und das passt wunderbar zur Namensdeutung, denn 1475 schrieb man *Quick* noch *Gwick*. Da fällt dem Mittelhochdeutsch-Kenner sofort auf: Das geht zurück auf mittelhochdeutsch *gewicke* für ›Zusammentreffen zweier (oder mehrerer) Wege, Wegscheide‹. Doch auch schon 1547 gab man sich bei diesem Ortsnamen gern gebildet und schrieb *Quick* für *Gwick* – diese »gehobene« Schreibweise zeugte von Gelehrtheit, hatte man doch aus dem lateinischen Alphabet das *qu* ins Deutsche übernommen, anstelle der Lautkombination *kw* oder *gw*. Das dürfte auch für den Weiler im Landkreis Altötting zutreffen, der ist nämlich 1334 auch schon *Quikk* und 1438 *Gwikk* geschrieben worden.

Also, hier besteht eher ein Zusammenhang mit den Römern, den Meistern des Straßenbaus, als mit den Angelsachsen, wie man vielleicht vorschnell vermuten könnte. Auch der Ortsname

Point

Einöde, Markt Teisendorf, Landkreis Berchtesgadener Land, Oberbayern

Einöde, Gemeinde Perach, Landkreis Altötting, Oberbayern

Einöde, Gemeinde Marktl, Landkreis Altötting, Oberbayern

Einöde, Gemeinde Garching an der Alz, Landkreis Altötting, Oberbayern

ist kein nach Bayern verirrter Anglizismus, auch wenn sich das Englische in Bayern so nach und nach fast unbemerkt ausbreitet. Die Abteilung für Fremdenverkehr in den Rathäusern beispielsweise heißt heute »Tourist-Info« und die Treffpunkte für Touristen werden vielerorts auch im Freistaat gerne »Infopoint« genannt. Dass der Ortsname *Point* gleich 14 Mal in Oberbayern und ein Mal in Niederbayern existiert, hat auch nichts damit zu tun, dass selbst in bayerischen Grundschulen mittlerweile Englisch gelehrt wird. Wie könnte es anders sein: Der Ortsname *Point* hat eine süddeutsche Sprachtradition und kommt von dem mittelhochdeutschen Wort *biunt(e)*, *beunt(e)* für ›freies, besonderem Anbau vorbehaltenes und eingehegtes Grundstück‹. Das lässt sich u. a. aus der 1368 überlieferten Namensform *Peont* der zum Markt Teisendorf gehörenden Ortschaft schließen sowie aus Belegformen *Peunt* aus dem 16./17. Jahrhundert für die *Point*-Ortsnamen im Landkreis Altötting. Die Schreibung *-eo-* steht im Frühneuhochdeutschen vereinzelt auch für *-eu-*, und *-oi-* ist schlichtweg die bairische Schreibvariante dieses Lautes, um der mundartlichen Aussprache des Ortsnamens in der Schreibung besser zu entsprechen. Ob und, wenn ja, was auf diesem eingehegten Grundstück von Point allerdings Besonderes angebaut werden sollte oder wurde, ist heute in der Regel nicht mehr nachvollziehbar. Auch auf die Person, die dem Ort

Riding

Pfarrdorf, Gemeinde Fraunberg, Landkreis Erding, Oberbayern

seinen Namen gegeben hat, wird man heute nicht mehr so ohne Weiteres kommen. Oder kennen Sie einen *Rimideo*? Der ist schon im 8. Jahrhundert in bairischen Quellen zu finden. Ein althochdeutscher Personenname, zu dem die Kurzform **Rido* erschlossen werden kann. Bereits 1039–1049 wird der Ortsname als *Ridingun* erwähnt. Hier stellt die althochdeutsche Dativ-Plural-Endung *-un* wieder einen Örtlichkeitsbezug im Sinne von ›bei‹ her und das *-ing* drückt auch in diesem Fall wieder eine Zugehörigkeit

109

aus, diesmal eben zu einer Person namens *Rido*. Und schon ist unsere Ortsnamensdeutung fertig: *Riding* ist ursprünglich die Siedlung ›bei den zu einer Person namens *Rido* gehörigen Leuten‹.

Es wäre wohl der pure Zufall, wären die Leute des *Rido* ein Reitervolk, Pferdeliebhaber oder Pferdezüchter gewesen. Genauso wenig wie so manch ein Bewohner von

Train
Pfarrdorf, Landkreis Kelheim, Niederbayern

ein leidenschaftlicher Eisenbahnsammler sein mag. Man ahnt es schon: Mit Zügen hat der Ortsname überhaupt nichts zu tun. Eisenbahnen kamen im Zuge der Industrialisierung erst im 19. Jahrhundert auf – lange nach der Taufe des Ortes.

Die Deutung ist aber beileibe nicht einfach, zumal die Vorläufersiedlung ganz anders hieß, nämlich 1082–ca.1102 *Hittinburg* und 1138–1147 *Hittenburch*, eine Zusammensetzung aus einer Genitivform zu dem Personennamen *Hitto* und dem mittelhochdeutschen Wort *burc*, was zu einer ursprünglichen Bedeutung ›umschlossener, befestigter Ort bzw. Burg, die nach einer Person namens *Hitto* benannt ist‹ führt.

1383 taucht der Ortsname in den Büchern dann erstmals als *ze dem Trôyn* auf und bereits ein paar Jahre später 1385 als *Trayn* und ca. 1387 als *Train*. Diese Belegformen lassen sich am ehesten auf eine ursprüngliche Genitivform *Trogin* zu dem Personennamen *Trogo* zurückführen. Wie schon bei dem Ortsnamen *Rausch* im Kapitel »Die Bayern und postkulinarische Beben« hat man sich bei der Bildung des Ortsnamens einfach ein Grundwort wie *-hausen, -dorf, -heim, -berg* etc. gespart. Bei *Train* wurde möglicherweise auf das Grundwort *-burg* verzichtet, weil offenbar eh jeder wusste, dass es dort eine Burg gab. Sobald ein Personenname im Genitiv stand, war klar, dass es sich hier um einen Ort handelte, der in irgendeinem engeren Zusammenhang mit dieser Person stand. Wozu dann noch umständlich irgendwelche langatmigen Zusatzbezeichnungen anhängen? Entbürokratisierung gab es offenbar auch schon im Mittelalter. Vielleicht existierte ja auch einst ein staatlich verordnetes Programm wie »Schlanke Verwaltung – schnelle Ortsnamenbenennung«, das längst in Vergessenheit geraten ist – wer weiß …

Mit dem englischen Wort für ›Zug‹ hat dieser niederbayerische Ortsname garantiert nichts zu tun …

Was wir definitiv wissen: Durch einen zwischenvokalischen Ausfall des -g- konnte die Form *Troin* entstehen und über mundartliche Lautentwicklungen dann schließlich zur heutigen Namensform *Train* führen. In der mittelbairischen Mundart wird *ai* als *oa* ausgesprochen und die Einheimischen nennen ihren Ort auch heute noch tatsächlich *Troa* – würde sprachwissenschaftlich also gut passen. Ein echt bayerischer Ortsname im globalisierten Gewand!

Die englisch anmutenden bayerischen Ortsnamen haben es wirklich in sich. Jetzt wird's aber gleich noch mehr multikulti in bayerischen Gefilden. Denn der Ortsname

Valley

Dorf, Landkreis Miesbach, Oberbayern

kommt nicht vom englischen *valley*, sondern vermutlich aus dem Lateinischen bzw. Französischen. In den Traditionsnotizen des Klosters Tegernsee wird das Dorf erstmals 1127–1147 als *Ualaie* (das *U-* steht hier für *V-*) erwähnt – wirkt geschrieben zwar wie Ukulele, laut ausgesprochen wurde es ähnlich wie *Falaie*. Weitere frühe historische Schreibformen des Ortsnamens lauten u. a. 1138–47 *Valaia*, 1140 *Valêge*, 1165–70 *Ualeige* und *Valage*. Im 12. Jahrhundert begegnen uns dann auch zwei latinisierte Formen des Ortsnamens: *Phalaia* und *castrum Valegium*. Diese Burg (*castrum*) gehörte später dem Rittergeschlecht der Ahamer, die den Burg- bzw. Siedlungsnamen nach ihrem eigenen Herrschergeschlechtsnamen in *Ahemstein* oder *Ahamstein* umbenennen wollten. Der Landesherr wehrte sich allerdings erfolgreich dagegen, wie folgender Auszug aus einer kurbayerischen Urkunde von 1424, die heute im Bayerischen Hauptstaatsarchiv verwahrt wird, bezeugt: …

von Valaj wegen vnser lehenschaft, das die Ahamer … sollen genenndt haben Ahemstein, vnd irn leuten verpoten, das sy das obgenant gesloß nicht mer Valej nennen, sunder nur den Ahenstein, sprechen wir das die Ahamer das gesloß Valej in genärden nicht mer den Ahemstein nennen noch schreiben sollen.

Also blieb es bei dem ursprünglichen Namen der Burg: *Valai* (so auch 1222 in einer Tegernseer Urkunde überliefert). Diesem dürfte wohl die lateinische Flurbezeichnung *Vallāta mit den Bedeutungen ›Tal mit Abhängen; Tal mit abschüssigem Gelände‹ bzw. ›Abhang/abschüssiges Gelände in Richtung Tal‹ zugrunde liegen. Diese wiederum setzt sich zusammen aus dem lateinischen Wort *vallis* für ›Tal, Talhang‹ und *-āta*, das in zahlreichen Dialekten die Bedeutung ›Abhang, abschüssiges Gelände‹ hat.

Ähnliche Ortsnamen wie *Fallet* oder *Fallig* mit der gleichen Herleitung kommen als Flurnamen für Weinberge in Hanglange etwa auch im Moselland vor. Der Name passt jedoch auch auf die geografische Lage der bayerischen Siedlung ziemlich gut, erstreckt diese sich doch von einer Anhöhe mit dem Schloss Valley aus über relativ abschüssiges Gelände in das Mangfalltal hinein. Dass ein Tal- bzw. ein Talhangname dann auf eine Burg übertragen wird, die auf der Spitze des Hangs bzw. der Anhöhe steht, ist nicht verwunderlich. Denn beispielsweise kommt es auch häufig vor, dass Bergnamen entstehen, indem der Name einer Örtlichkeit im Talgrund oder am Berghang quasi zum Gipfel »hinaufwandert«. Der Bergname *Zugspitze* etwa ist durch die Lawinenbahnen unterhalb des Gipfels, die in ihrer Gesamtheit als *Zug* bezeichnet werden, bedingt.

Jetzt müssen wir aber noch erklären, wie aus dem ursprünglichen *-āta* ein *-ai* werden konnte, das sich später dann bis zur heute gültigen amtlichen Namensform mit der Schreibvariante *-ey* durchsetzen konnte. Hier kommt nun das Französische ins Spiel. Das Bildungselement lateinisch *-āta* entwickelte sich in den meisten französischen Mundarten normalerweise zu *-ée* und nur in nordostfranzösischen Dialekten (Wallonisch, Lothringisch) zu *-ei*. Das heißt also, die Bayern haben sich den Ortsnamen *Valley* wohl einfach aus dem Nordostfranzösischen von einer Burg oder einer Gegend dort abgeschaut. Die genauen Hintergründe einer möglichen Verbindung der Valleyer Burgherren nach Nordostfrankreich müssten noch durch fundierte historische Forschungen untersucht werden, um diese Namensdeutung bekräftigen zu können. Hier besteht noch erheblicher Forschungsbedarf und auch vonseiten der Sprachwissenschaft bleibt die Deutung des Ortsnamens *Valley* weiterhin eine »harte Nuss«, die noch nicht ganz geknackt ist.

Die Schreibungen mit *-êge*, *-egi*, *-age* lassen sich entweder im Zusammenhang mit sogenannten hyperkorrekten Latinisierungen erklären (siehe etwa die Belegform *Valegium*) oder mitunter auch als Hyperkorrekturen vor dem Hintergrund der mittelhochdeutschen Kontraktion von *-agi*, *-egi* zu *-ei* (siehe etwa Belegform nach 1156 *Falagi*), das heißt, ein Schreiber hat die Mundartform *Falei* zu Papier bringen müssen und dabei quasi überkorrekt und in falschem Glauben vermutet, dass das *-ei*, das er hier hörte, auf ursprüngliches -*agi* bzw. -*egi* zurückgehen müsse, weil sich dieses ja in der damaligen Zeit auch zu -*ei* entwickelt hat. 1519–1521 ist der Ortsname übrigens als *Phalaia castellum* überliefert, ca. 1583 als *Valaia*, 1685 als *Falley* und schließlich seit Anfang des 19. Jahrhunderts als *Valley*. Puh! Eine stolze und komplizierte Namenshistorie kann dieses oberbayerische Dorf vorweisen!

Dagegen nimmt sich

Walking

Weiler, Gemeinde Wittibreut, Landkreis Rottal-Inn, Niederbayern

doch ziemlich bescheiden aus. Dieser Ort mag nordisch bzw. nordic anmuten, doch ist der Ortsname weder von einer skandinavischen Sportart abgekupfert noch von irgendeinem englischen Ausdruck für eine bestimmte Art von Fortbewegung.

Aus der historischen Belegform *Walckarn* von 1541 lässt sich eindeutig ableiten: Hier haben einst die Tuchwalker (mittelhochdeutsch *walker*) gelebt, also diejenigen, die die Kleider walken, reinigen, weiß machen, schlagen, durchbläuen. Die moderne Form dieser Methode kommt wirklich aus dem Englischen und nennt sich heute auch in Bayern »stonewashed«. Das -*n* in *Walckarn* stammt wiederum von einer ursprünglichen Dativ-Plural-Form *walker(e)n* im Sinne von ›bei den Tuchwalkern‹.

Wie konnte dann aus *Walckarn* schließlich *Walking* entstehen? Ganz einfach: In der mittelbairischen Mundart

wird sowohl die Ortsnamenendung *-arn* als auch die Ortsnamenendung *-ing* als *-en* ausgesprochen, was dann beim
Aufschreiben des jeweiligen Ortsnamens schon mal zu Ver-
wechslungen führen konnte. So vermuteten die Schreiber
irrtümlich, dass bei der mundartlichen Aussprache *Walk-en*
ursprünglich ein *-ing* und kein *-arn* in dem Namen steckt,
und alle nachfolgenden Amtsschreiber schlossen sich dieser
eigentlich falschen Schreibweise an.

Die Bayern und ihre Welt

Wussten Sie eigentlich, dass rund jeder sechste Deutsche ein Bayer ist? Und weil das allein noch nicht beweist, wie weltgewandt der Bayer an sich schon immer war, graben wir uns jetzt kurz tiefer zu den baiwarischen Wurzeln vor. Denn: Der waschechte Bayer ist ein richtiges Multikulti-Gewächs. Auf heute bayerischem Boden haben sich vor langer Zeit schon Kelten, Römer, Germanen und verschiedene Völker aus dem Osten angesiedelt. Der Historiker Benno Hubensteiner formulierte einst treffend: »Die Bayern waren ein Volk von Völkern.« Richard W. B. McCormack karikiert die Urbayern folgendermaßen (und jetzt wird's richtig hart für einen echten Bayern): »Sie sind Nachkommen von Arbeitssklaven, Bauchtänzerinnen, Kantinenwirten, Huren und Haarauszupfern aus den sudanesischen und syrischen Fremdenlegionen.«

Und auch heute noch sind die Bayern »ein Volk von Völkern«. Seit den 1950er-Jahren spricht man von vier großen Bevölkerungsgruppen in Bayern: den Altbayern, Franken, Schwaben und Sudetendeutschen – Letztere stellvertretend für alle vertriebenen Deutschstämmigen aus Osteuropa, die nach dem Zweiten Weltkrieg in den Freistaat kamen. Doch wenn man jetzt noch türkischstämmige Bayern wie Django Asül dazurechnet, Menschen mit Migrationshintergrund aus Italien, dem ehemaligen Jugoslawien oder

Russland oder aus aller anderer Herren Länder, dann ist doch völlig klar, dass die Bayern aufgrund ihrer Entwicklungsgeschichte »absolutely global thinking and acting people« sind – natürlich ohne die ihnen zugehörige Eigenartigkeit und Eigenständigkeit aufzugeben. Eine gewisse Europaskepsis, die sich mit der Zeit durchaus aufbrechen lässt, gehört auch dazu – vor allem, wenn in der EU wie zum Beispiel beim Bier Entscheidungen pro Bayern fallen (siehe *Bierdorf* im Kapitel »Die Bayern und ihr Feinschmeckergaumen«). »Was der Bauer nicht kennt, frisst er nicht« – dieser Spruch büßt seine Bedeutung im Zuge einer mehr und mehr mit Bayern zusammenwachsenden Welt weiter ein. Was aber – wie gesagt – nicht heißen soll, dass der Bayer alles für ihn Typische aufgibt. Im Gegenteil!

Dennoch ist klar: In Bayern ist die Welt zu Hause! Und weil's jeder Bayer in diesem seinem Lande gar so schön findet, gibt es auch einen Ort, der sich gleich genauso nennt wie der ganze Freistaat:

Bayern

Dorf, Gemeinde Staudach-Egerndach, Landkreis Traunstein, Oberbayern

Was soll das denn nun? Bayern liegt in Bayern. Sehr witzig! Aber ruhig Blut! *Bayern* kommt hier namenkundlich gesehen gar nicht vom Ländernamen *Bayern*. Das verrät mal wieder ein schlauer Blick in historische Urkunden, genauer gesagt in eine Kopie aus dem 13. Jahrhundert. In der Urkunde des Klosters Raitenhaslach von 1176–1180 wird der Ortsname *Bûren* geschrieben.

Auszug aus der Urkunde Nr. 29 von 1176–1180 (Kopie des 13. Jahrhunderts) des Bestandes »Klosterurkunden Raitenhaslach« im Bayerischen Hauptstaatsarchiv München

Und was sagt das *-en* dem inzwischen schon weit fortgeschrittenen namenkundlichen Leser? Genau, es ist ein mittelhochdeutscher Dativ Plural und der stellt immer einen Bezug zu einem Ort her im Sinne von ›bei …‹. Das ursprüngliche mittelhochdeutsche Wort heißt *biur(e)* für ›Haus, Hütte‹. Also wer hier lebte, lebte ›bei den Häusern‹. Das mittelhochdeutsche *Biuren* (sprich: *Büren*) folgt dann einem ganz klaren sprachhistorisch nachvollziehbaren Weg. Das Wort wird in der mittelbairischen Mundart zunächst zu *Beuern* (es gibt ja übrigens auch sehr viele oberbayerische Ortsnamen auf *-beuern* wie *Benediktbeuern*, *Neubeuern* usw.). Dann wird im Lauf der Zeit das *-eu-* zu *-ai-* entrundet (vergleiche etwa auch neuhochdeutsch *neu* = mittelbairisch *nai*), wie es sprachwissenschaftlich exakt heißt, und schließlich erhalten wir: *Baiern*. Das ist also nun die lautgeschichtlich reguläre Mundartform des Ortsnamens. Im Schriftlichen wurde der Name dann in allen

Amtsstuben dem allseits bekannten Ländernamen *Bayern* (mit -*y*- für -*i*-) angepasst.

An dieser Stelle nutzen wir gleich die günstige Gelegenheit und holen sprachwissenschaftlich noch etwas weiter aus: Der Volks- bzw. Ländername *Bayern* hat nämlich seine gänzlich eigene, durchaus auch sehr interessante Entstehungsgeschichte. Ca. 552 (Kopie des 8. Jahrhunderts) wird der Volks- bzw. Stammesname erstmals beim Geschichtsschreiber Jordanes in der Form *Baibaros* (die Endung -*os* ist ein lateinischer Akkusativ Plural) genannt, später tauchen die Varianten *Baiobaros*, *Baioarios*, *Baiouarius* und *Baiuaria* auf. Jonas von Bobbio setzte im 7. Jahrhundert den Stamm mit den keltischen Boiern gleich: *Boias, qui nunc Baioarii vocantur*. Die Belegreihe für den Namen der Bayern lässt sich über die Jahrhunderte hinweg in diversen Handschriften zurückverfolgen. Althochdeutsche Formen sind in einer Wessobrunner Handschrift des 9. Jahrhunderts als *Peigira* und *Peigiro lant Istrie Paigira* überliefert. In einem Windberger Codex des Jahres 1165 findet sich die Singularform *Peier*.

Ob *ei*, *ai*, *ay* oder *ey* – war rundheraus gesagt den frühen Bayern einfach wurscht. *y* war einfach eine andere Möglichkeit, das *i* zu schreiben. Im Lauf der Zeit etablierte sich dann der Ländername *Baiern*. Dass der Freistaat sich heute *Bayern* schreibt, das haben wir einer Anordnung von König Ludwig I. von Bayern vom 20. Oktober 1825 zu verdanken. Darin verfügt er: »Ich will ferner, daß wo der Name Bayern vorzukommen hat, er wie es eben von mir geschah, geschrieben werde, nämlich mit einem y statt i.« Warum er das so wollte, war aus dem persönlichen Signat des Königs nicht ersichtlich. Sicher ist jedoch: Ludwig I. von Bayern war ein Fan der Antike. Sein Sohn Otto wurde später König von Griechenland und München hieß damals auch »Isar-Athen«.

Die genaue Herkunft und Bedeutung des Stammesnamens der Baiwaren ist aus sprachwissenschaftlicher Sicht allerdings nicht hundertprozentig gesichert. Unter den Wissenschaftlern hat man sich bislang zumindest darauf geeinigt, dass die Namensform *Baiwari* aus *Bai(a)warjōz* (im 6. Jahrhundert westgermanisch *Baia-warjā*, Plural) hervorgegangen sein dürfte, wenn man von der historischen Überlieferung des *Bayern*-Namens ausgeht. Der Name dürfte ursprünglich also zusammengesetzt sein aus *-warjōz* mit der Bedeutung ›(schützende) Bewohner‹ und der germanisierten Form des Stammesnamens der keltischen *Bojer* (germanisch *Baia-*, lateinisch *Boii*), die auch in dem Namen von Böhmen (lateinisch *Boiohaemum*, althochdeutsch *Bēheim*) enthalten ist. Der Volks- bzw. Stammesname der *Baiwaren* (später *Bayern*) kann demnach als ›Bewohner eines einst von den *Boii* besiedelten Landes‹ gedeutet werden. Irgendwie kommen wir immer wieder darauf zurück, dass die Bayern ein Volk von Völkern sind und waren.

Weil wir uns nun schon so tief hinein in das bayerische Wurzelwerk graben – machen Sie sich nun gleich auf ein Wort gefasst, das aus unser aller Ursprache kommt, nämlich aus dem Indogermanischen:

Donau

*Einöde, Gemeinde Marquartstein, Landkreis Traunstein,
Oberbayern*

Wirklich allseits bekannt, dieser Fluss. Doch wer weiß
schon, dass der einen uralten Gewässernamen trägt? Er
kann zurückgeführt werden auf das indogermanische
Dānauios-, eine Ableitung zu der urindogermanischen
Wurzel *déhnu-* mit den – wenig erstaunlichen – Bedeutungen ›Fluss, Flüssigkeit‹.

Beim Ortsnamen *Donau* im Traunsteiner Land wird es jedoch noch verzwickter: Durch die Ortschaft Donau fließt
die Donau nämlich überhaupt nicht, nicht mal in deren
Nähe. Die Donau rauscht viele Kilometer weiter nördlich
durch Bayern und der Fluss in dem Ort Donau heißt seit
jeher *Ache*. Wie gelangt dieser Name also nun zu einer oberbayerischen Einöde? Der Blick in die historischen Quellen
gibt auch hier wieder Aufschluss: Kurz vor 1300 findet man
in einem bayerischen Herzogsurbar den Personennamen
Rapolt Tannawer (mit *-w*-Schreibung für *-u-*), wobei sich
aus der Textquelle erschließen lässt, dass dieser *Rapolt* eben
genau aus der Einöde Donau stammte bzw. zu dieser Zeit
dort gewohnt hat. Somit gehört sein Beiname *Tannawer*
zur Kategorie der Herkunftsnamen (*Tannau* + *er*), ganz
ähnlich wie etwa heute die Familiennamen *Regensburger*
(*Regensburg* + *er*) oder *Nürnberger* (*Nürnberg* + *er*). Dieser
Herkunftsname lässt darauf schließen, dass der Ortsname
Tannau ursprünglich auf einen mittelhochdeutschen
Flurnamen *Tann(en)ouwe* für ›Au mit auffälligem Tannen-
bestand‹ zurückgeht, der sich zusammensetzt aus mittel-

hochdeutsch *ouwe* ›von Wasser umflossenes Land; wasserreiches Wiesenland, Aue‹ und *tanne* ›Tannenbaum‹. Das *T-* wurde dann in der Ortsmundart als *D-* ausgesprochen, das *-a-* wurde zu *-o-* im mittelbairischen Dialekt und damit entstand aus *Tannau(e)* – wenn Sie sich das jetzt einfach mal laut ausgesprochen so vorstellen – die *Donau*. So einfach verwandelt sich ein Flurname in einen Gewässernamen.

Warum auch nicht? Denn einzig und allein wichtig für jeden eingefleischten Bayern ist, dass man weiß, wo man hingehört, also wo man zu Hause ist. Ob die Bewohner von

Heimat

Dorf, Gemeinde Dasing, Landkreis Aichach-Friedberg, Schwaben

ihre Heimat allerdings so genau kennen? Der Ortsname geht nämlich auf einen spätmittelhochdeutschen Flur- bzw. Waldnamen *Haim(en)hart* zurück, worauf der Erstbeleg *Haimhard* von 1586 zweifellos hinweist. Mittelhochdeutsch *hart* bezeichnet den ›Wald‹ und *Haim-* kommt von einer Person namens *Haimo* – also der ›Wald, der nach einem *Haimo* benannt ist‹. Wenn man *Haimhart* in der mundartlichen Aussprache jetzt einmal ein bisschen nuschelt, dann sind wir ganz schnell bei einer Endsilbe *-ert*. Die wiederum lässt sich 1809 in den Büchern finden als *Haemert*. Auch hier hat also, genauso wie oben bei *Donau*, die Mundart das Ihrige dazu getan und aus dem *-ert* wurde *-at*. Das ist auch aus den Belegformen von 1840 *Hai-*

123

math und 1883 *Heimat* ersichtlich, wobei man beim Niederschreiben dieser Namensformen sicher auch an das neuhochdeutsche Wort *Heimat* dachte. Jetzt wissen die »Heimaterer« Bescheid! Doch wussten Sie auch, dass

Pommern

Dorf, Gemeinde Inzell, Landkreis Traunstein, Oberbayern

in Bayern liegt, nicht zwingend irgendwo an der Ostsee? In Pommern wohnten einst der *Pobo* und der *Pobmair*. Das lässt sich aus den Belegen *Chündl von Pobn … Chunr. Pommer* aus dem Jahr 1420 erschließen. Es gab dort ursprünglich offenbar zwei Höfe, wobei der eine dem *Pobo* oder *Pop(p)o* gehörte (›beim *Pop(p)en* bzw. beim *Pob(e)n*‹) und der andere einem Mann mit dem Familiennamen *Pobmair* (= *Meier* namens *Pobo*; so auch 1435 als Ortsname bezeugt), aus dem durch eine mundartliche Angleichung des *-bm-* zu *-mm-* und eine mundartliche Abschwächung des *-air* zu *-er* dann die Namensform *Pommer* entstand. Das *-n* am Ende wurde übrigens erstmals 1584 im Ortsnamen als *Pomern* überliefert. Das *-n* ist mal wieder ein Dativ, drückt also den Bezug zu einer Örtlichkeit aus, und somit ergibt sich als ursprüngliche Bedeutung des Ortsnamens *Pommern* ›Siedlung des bzw. der Bewohner(s) mit dem Namen *Pobmair* bzw. *Pommer*‹.

1671 unterschied man in *Pommern* sogar zwischen einem *Vorderpobmer Guett* und einem *Hindterpobmer Guett*. 1810 ist der Ort dann als *Weiler Pommern* verzeichnet. Hier hat zur Schreibung der heute amtlich gültigen Namensform sicherlich auch beigetragen, dass der Landstrich Pommern im Nordosten Deutschlands auch schon früher weithin bekannt war und somit den Schreibern in Gedanken präsent gewesen sein dürfte.

Weithin bekannt ist natürlich auch

Prag

Kirchdorf, Markt Hutthurm, Landkreis Passau, Niederbayern

Aber wer vermutet bei dem Namen denn bitte schön, dass das ein Kirchdorf in Bayern ist? Wer da nicht im Bairischen von früher firm ist, muss zwangsläufig vollends aufgeschmissen sein. 1253 ist der Ort als *Praech*, 1361 als *Prach* und 1530 als *Pragkh* historisch bezeugt. All diese Namensformen lassen sich vom mittelhochdeutsch-bairischen Hauptwort **prächhe* herleiten. Das Tätigkeitswort dazu hieß **präcken* für ›schlagen, krachen‹. Das deutet darauf hin, dass an diesem Ort einst Bäume geschlagen wurden und es sich hier wohl um eine Rodungsstelle handelt, an der man sich angesiedelt hat. Aber auch ein starker Wind könnte hier einst den Wald zerstört und somit das Land urbar gemacht haben.

Selbst wenn wir bei diesem Ortsnamen heute gerne den Bezug zur tschechischen Hauptstadt Prag herstellen und Geschichtskenner dazu noch ins Feld führen würden, dass die Stadt ja auch im Spätmittelalter schon ein wichtiges geistiges und kulturelles Zentrum war, ist dieser Zusammenhang aus sprachwissenschaftlicher Sicht keineswegs so naheliegend, wie es auf den ersten Blick scheint. Hier hilft es mal wieder, den Bewohnern genauer auf den Mund zu schauen. Sie sprechen den Ortsnamen des niederbayerischen Prag auch heute noch mit einem hellen -a- aus und nicht mit einem dunklen -a- wie im Namen der tschechischen Metropole. Lauthistorisch betrachtet steht ohnehin fest, dass sich das -ä- in *prächte in der bairischen Mundart regulär zu einem hellen -a- entwickelt hat. Dieses gesprochene helle -a- wird dann auch als -a- geschrieben. Ebenso lautgeschichtlich regelkonform vollzog sich schlichtweg durch eine Abschwächung des Konsonanten in der bairischen Aussprache die Entwicklung des ursprünglichen Auslautes -ck zu -g, was sich gleichermaßen in der Schreibung widerspiegelt. So ist es genau genommen wohl nur ein Zufall, dass das niederbayerische Dorf Prag in Niederbayern heute genauso heißt wie sein großer Namensvetter in der Tschechischen Republik. Kein Zufall dagegen ist, dass

Übersee

Pfarrdorf, Landkreis Traunstein, Oberbayern

in Bayern zu finden ist, nämlich am Chiemsee, und nicht irgendwo Tausende Kilometer weiter westlich hinter dem Atlantik. Der Ort im Freistaat hieß schließlich schon ca. 790 (Kopie des 12. Jahrhunderts) *Ubersê*. Im Althochdeutschen bezeichnete dieser Name ganz allgemein einen Ort, der am See liegt. Althochdeutsch *ubar* bedeutet ›über, gegenüber, über … hin(aus), auf, bei, an, in‹ und althochdeutsch *sē* ›See‹. Dass aber jetzt auch noch

126

Wien

Einöde, Gemeinde Inzell, Landkreis Traunstein,
Oberbayern

in Bayern liegen soll, das wird nun allmählich doch ziemlich vermessen. »Typisch für die Oberbayern!«, würde jetzt vielleicht so mancher aus dem Rest des Freistaats denken – ist aber kein Schmäh! Nun kann sich die oberbayerische Einöde Wien zwar nicht wirklich messen mit der österreichischen Hauptstadt, aber das ist auch egal, denn ein bisschen hat der Ort dann doch mit dem »großen« Wien zu tun – ein kleines bisschen wenigstens …

Ursprünglich trug der Ort einen völlig anderen Namen. Das zeigen die historischen Belege von 1671 … *die Ober Schmidten vnd Hauß in der Holtztratten genant* und von 1752 *Ainöed Holztraden auf der Ebm … Hanns Wienner Waffenschmidt in der Hofmarch Inzl … besüzt das güetl auf der holztraden.* Dem *Han(n)s Wien(n)er* (die Schreibungen mit Doppel-*n* sind lediglich Schreibvarianten für ein einfaches *n*), einem Waffenschmied aus der Hofmark Inzell, gehörte also dieses Gut namens *Holztraden.* Dieser Name geht zurück auf eine Zusammensetzung aus mittelhochdeutsch *holz* im Sinne von ›Wald‹ und *trat* für ›Weide, Viehtrift‹. Die Dativ-Endung -*en* lässt auf eine Bedeutung wie ›bei der/den Viehweide/-n am oder im Wald‹ schließen. Und die Familie des Wiener Hans, die kam vielleicht einst wirklich aus Wien. Denn die Endung -*er* deutet darauf hin, dass er oder einer seiner Vorfahren von der Herkunft ein Wiener war, also aus Wien. Das wäre jedenfalls eine Deutungsmöglichkeit für den Familiennamen *Wiener,* der der

Ortschaft Wien ihren heutigen Namen verlieh, welcher erstmals 1810 als *Weiler am Wien* historisch bezeugt ist.

Möglich ist auch, dass ein Vorfahre vom Hans Wiener *Winiher* hieß, also einen klassischen althochdeutschen Personennamen trug, der sich zusammensetzt aus althochdeutsch *wini* ›Freund‹ und althochdeutsch *heri* ›Kriegsschar, Heer‹. So ganz eindeutig können wir die Herkunft und Bedeutung des Familiennamens *Wiener* heute nicht mehr bestimmen. Aber immerhin: Die Vielfalt der Deutungsmöglichkeiten regt allemal die Fantasie an, sich vorzustellen, wie früher der Wiener Hans sein Gut bei der Viehweide am/im Wald besucht haben mag und woher seine Familie so stammte.

Wenn er wirklich ein Wiener war, der Wiener Hans, dann hatte er – aus welchen Gründen auch immer – wohl einen ganz guten Draht zu den Bayern. Das war nämlich zu dieser Zeit, im 16. und 17. Jahrhundert, nicht unbedingt typisch. Gab es damals doch diverse Auseinandersetzungen zwischen Bayern und Österreichern. Doch die Animositäten von einst haben sich im Lauf der Zeit aufgelöst. Heutzutage siegt der Humor über jegliche Feindseligkeiten etwa in Form von Witzen. Freilich hat deren Konjunktur mittlerweile auch stark abgenommen. Vielleicht hat es ja einst doch geholfen, dass die Bayern den Österreichern beistanden, sich gegen die Türken zu verteidigen, die bereits vor den Toren Wiens standen. Mit bayerischer Beteiligung unter Kurfürst Max Emanuel gelang es schließlich im Großen Türkenkrieg, 1683 Wien zu befreien.

Und vielleicht ja weil Maximilian II. Emanuel als großer Türkenbezwinger galt, finden sich auch in den Ortsnamen in Bayern orientalische Spuren? Jedenfalls klingt es so. Wer da jetzt gleich an die Türkenstraße im Münchner Studentenviertel denkt, liegt gar nicht so verkehrt. Denn die wurde nach dem Türkengraben benannt, den Max Emanuel angeblich noch von zum Teil türkischen Kriegsgefangenen hat ausheben lassen. Andere Stimmen behaupten, die Türken seien zu dem Zeitpunkt gar nicht mehr da gewesen. Wie auch immer, der Türkengraben, der die Münchner Residenz in der Innenstadt mit dem Schloss Schleißheim verbinden sollte, wurde nie fertig und schließlich wieder eingeebnet.

Die Bayern und eine ganz andere Welt

Ob orientalisch oder asiatisch, das schien so manchem bayerischen König wohl einerlei zu sein. Hauptsache, man umgab sich mit Außergewöhnlichem, mit Exotischem, also mit fremden Einflüssen. So hat sich König Ludwig II. aufgrund seiner Orientbegeisterung nicht nur oben auf dem Berg Schachen bei Garmisch-Partenkirchen ein feines Holzhaus im Schweizer Stil bauen und das gesamte Obergeschoss mit einem »Türkischen Saal« mit Pfauenfedern, opulent bestickten Textilien und farbigen Glasfenstern ausschmücken lassen. Lange vor ihm schon richtete Kurfürst Karl Albrecht im Schlosspark Nymphenburg seiner Gemahlin Anna Amalia die Amalienburg ein, in der unter anderem Wände des Fasanenzimmers und der Küche mit chinesischen Motiven bemalt wurden. Im selben Park wurde die Pagodenburg mit einem Chinesischen Salon ausgestattet. Die Pagodenburg gilt auch als ein Hauptwerk der »Chinamode« des 18. Jahrhunderts.

Heute kommen die Asiaten gerne nach Bayern und schauen sich das alles an. So besichtigt ja vielleicht auch der gewöhnliche Samurai-Krieger aus Japan im heutigen Freistaat die Schlösser von König Ludwig II.: Neuschwanstein allen voran, Linderhof und Herrenchiemsee. In der Regel wird er während seiner minutiös durchgeplanten Bayerntour kaum sehr tief ins Hinterland eindringen. Käme er aus irgendwelchen unerfindlichen Gründen aber doch im niederbayerischen

Sammarei

Kirchdorf, Markt Ortenburg, Landkreis Passau, Niederbayern

vorbei, würde er vielleicht stutzen. Welcher japanische Kaiser war wohl einst in diesen Gefilden? Und vor allem: Was suchte er wohl hier? Das bayerische Volk ist ja nun wirklich ein lustiges, doch braucht ein Japaner in seinem Leben wirklich so viel echte bayerische Gemütlichkeit?

Wir können den grübelnden Japaner beruhigen: Der niederbayerische Wallfahrtsort Sammarei hat nicht im Geringsten etwas mit schlechter japanischer Rechtschreibung zu tun, sondern vielmehr mit der heiligen Maria. Ihr ist die Kirche Sancta Maria in dem Ort geweiht, nach der dann das gesamte Kirchdorf benannt wurde. Das bestätigt u. a. auch eine Überlieferung etwa um das Jahr 1300, in der auf Lateinisch ein *predium ad Sanctam Mariam* (›Hof bei Sankt Maria‹) genannt wird und auf Mittelhochdeutsch eine Randnotiz *datz sant Marein* (›da zu Sankt Marien‹).

Über die Jahrhunderte hinweg verschliff sich der Name mundartlich über 1381 *Sandmarein*, 1431 *Samarein* zu 1592 *Sammerey*. Noch vom 19. bis ins 20. Jahrhundert hinein wurde *Sammerei* für den Ortsnamen geschrieben und erst seit 1973 ist *Sammarei* die amtlich gültige Schreibform des Ortsnamens. Wenn man bedenkt, dass im mittelbairischen Dialekt die Maria auch als *(da)s Marei* bezeichnet wird, lässt sich die Entstehung und Entwicklung des zweiten Namensbestandteils gut nachvollziehen.

Aber wieder zurück zur bayerischen Gemütlichkeit. Die liegt offenbar auch den

Türken

Einöde, Gemeinde Waltenhofen, Landkreis Oberallgäu, Schwaben

im Blut. Sie kamen schon im 17. Jahrhundert hierher. Der Ortsname geht wohl auf den Bei- bzw. Familiennamen *Türk(e)* zurück und bedeutet aufgrund der erneuten Dativendung *-en* einfach ›bei einem oder mehreren Bewohnern mit dem Namen *Türk*‹. 1714 wurde der Ort schriftlich erwähnt als *zum Dürken oder Ried*, was auch auf einen zugrunde liegenden Hausnamen *zum Türken* schließen lässt, der ebenfalls wieder Bezug nimmt auf den eben genannten Bei- bzw. Familiennamen *Türk(e)*, mit dem ursprünglich entweder tatsächlich ein türkischstämmiger Mann bezeichnet worden sein konnte oder einfach auch ein Mann, der bei einem Türkenfeldzug dabei war oder des Handels wegen Beziehungen zu Türken hatte oder beispielsweise auch in die Türkei reiste.

Die Oberfranken stehen den Schwaben da in nichts nach. Sie scheinen allerdings eher eine Neigung zu den Scheichs zu haben. Denn wie der Ortsname

Wüstensaal

Weiler, Stadt Münchberg, Landkreis Hof, Oberfranken

in bayerische Breitengrade kommt, das ist wirklich erklärungsbedürftig. Die *Wüste*, die rührt in diesem Fall her von dem mittelhochdeutschen Adjektiv *wüeste* mit den Bedeutungen ›wüst, öde, einsam, verlassen, leer, unbebaut‹. Und *der Saal* leitet sich her von dem mittelhochdeutschen Substantiv *sal*, das hier in der Bedeutung ›Wohnsitz, Haus‹ zu verstehen ist. Damit erklärt sich der erste Beleg für den heutigen Weiler von 1361 *zu der Wüstensaal* als ursprüngliche Wortgruppe im Sinne von ›bei dem einsamen Haus/Wohnsitz‹. Das Wort *sal* hatte im Mittelhochdeutschen noch weitere Bedeutungen, u. a. auch ›Saal, Halle;

Keine Scheichs weit und breit in Wüstensaal. Dafür aber eine alte Handschrift des Ortsnamens aus einer Münchberger Notariatsurkunde eines Wüstensaaler Landwirts von 1909.

Rathaus; Kirche‹. Doch in Wüstensaal kann weder eine Versammlungshalle, ein besonderer Saal, eine Kirche o. Ä. historisch nachgewiesen werden. Also bleibt es ›beim einsamen Haus‹ – und das passt ja auch ganz gut zu einem Weiler!

Sie sehen: Wir schicken Sie hier wirklich nicht in die Wüste! Im Gegenteil: Mit der Namenforschung gelangen Sie in ganz andere, ungeahnte, ja vielleicht sogar himmlische Sphären.

Die Bayern und ihre Heiligtümer

Es kann kein Zufall sein, dass die Bayern sich tagtäglich auch außerhalb der Kirche und ohne mit der Wimper zu zucken sowie ohne Rücksicht auf jedwede Konfessionszugehörigkeit mit »Grüß Gott« bzw. in Altbayern »Grias God« grüßen – ob beim Bäcker, auf dem Finanzamt oder beim Arzt. Auf Bürger anderer Bundesländer mag das ziemlich eigenartig wirken. Doch der Bayer denkt sich nichts dabei. Hat er doch schon mit dem ersten Satz der Bayernhymne fast ahnungslos in sich aufgenommen, worum es in dieser Region wirklich geht: »Gott mit dir, du Land der Bayern …«. Da ficht ihn sicherlich auch nicht an, dass laut Statistik die Zahl der Kirchenaustritte weiter hoch ist. In den vergangenen Jahren waren jährlich sowohl in der evangelischen als auch in der katholischen Kirche Tausende Austritte zu verzeichnen – noch immer ist aber mehr als die Hälfte der Bayern katholisch, nicht ganz ein Viertel evangelisch. Woher kommt nur diese Gottesverbundenheit der Bayern? Sind sie wirklich dem Himmel näher als andere Deutsche? Sind die Bayern, die im ursprünglichen Agrarland vorwiegend Bauern waren, auf den Segen von oben mehr angewiesen als andere Bundesbürger? Gott muss ein Bayer sein! 2005 wurde mit Joseph Alois Ratzinger ganz klar ein Oberbayer zum Stellvertreter Gottes auf Erden zum Papst gewählt – zum ganzen Stolz der Bayern. Dieses weltumspannende Gefühl, das seinen Kern offensichtlich in Bayern hat, drückte eine große deutsche Tageszeitung sogleich auch in einem prägnanten Satz aus: »Wir sind Papst!« Das können wir nur ergänzen: »Wir sind auch Ortsnamen-Papst!« Schauen wir uns die Begründungen für diesen kühnen Slogan hier der Reihe nach an:

Allerheiligen
Weiler, Gemeinde Warngau, Landkreis Miesbach, Oberbayern

Die Kirche in dem zur oberbayerischen Gemeinde Warngau gehörigen Weiler ist bereits 1476 als *Zukirche Allerheiligen* erwähnt. Die Kirche und damit auch die Siedlung bei dieser Kirche wurde hier also nicht nach einem Patron bzw. einer Patronin, sondern nach dem Gedenk- und Festtag »Allerheiligen« benannt, datiert auf den 1. November, in Bayern ein gesetzlicher Feiertag. Komisch mutet der Ortsname vielleicht erst an, wenn man auf irgendwelchen Formularen angibt, dass man in »Allerheiligen« wohnt. Das könnte einem bei dem Ort

Bischof
Weiler, Gemeinde Soyen, Landkreis Rosenheim, Oberbayern

ähnlich gehen. Der rührt im weiteren Sinne auch wirklich von dem kirchlichen Würdenträger her bzw. von demjenigen, der die Güter des Bischofs verwaltete. So steht auch

1714 für den Ortsnamen *Bischofmayrhof* zu lesen. Den *Mayr* hatten wir ja schon mehrmals (etwa beim Ortsnamen *Mail* im Kapitel »Die Bayern und die Globalisierung«): derjenige, der im Auftrag des Grundherrn, hier also des Bischofs, die Aufsicht über die Bewirtschaftung der bischöflichen Hofgüter führte. Dieser *Mayr* war möglicherweise Inhaber eines bischöflichen Lehens oder stand im Dienste des Bischofs, sodass er den Bei- bzw. Familiennamen *Bischof* erhielt, der dann auf den Weiler als Ortsname übertragen wurde. Beim oberpfälzischen

Gottesberg

Weiler, Gemeinde Altenthann, Landkreis Regensburg, Oberpfalz

dagegen, jedenfalls bei dem zur Gemeinde Altenthann gehörigen, spielte ein Vorname die entscheidende Rolle: Um 1188 ist der Ortsname erstmals erwähnt als *Godolfesberg*. Aus *Godolfes*- wurde im Laufe der Zeit, indem die unbetonten Nebensilben darin verschwanden bzw. sich abschwächten, *Godes-. Und damit wird klar: Eine Person mit dem mittelalterlichen Rufnamen *Godolf* oder *Gotolf* gab diesem Weiler, der wohl geografisch betrachtet etwas erhöht angesiedelt ist, seinen Namen – nicht der liebe Gott, wie die Gottesberger sich das vielleicht gerne gewünscht hätten.

Das ist schon ein Kreuz mit den Ortsnamen in Bayern, mag vielleicht einer denken, der sich nicht schon einmal – so wie Sie mittlerweile auch – mit deren Deutung beschäftigt hat. So ist es auch kein Wunder, wie der Ortsname

Was hat der Godolf nur in Gottesberg gemacht?

Heiligkreuz

Pfarrdorf, Stadt Kempten (Allgäu), Landkreis Kempten (Allgäu), Schwaben

Pfarrdorf, Stadt Trostberg, Landkreis Traunstein, Oberbayern

entstanden ist, denn das lässt sich namenkundlich sehr gut erklären. Zunächst muss man jedoch gut unterscheiden, in welchem Heiligkreuz man sich befindet – in dem in

Schwaben oder in Oberbayern. Die Quellen lassen nämlich jeweils auf ganz unterschiedliche Entstehungsgeschichten des Ortsnamens schließen.

Der Name des Allgäuer Ortes Heiligkreuz deutet auf ein Blutwunder hin, das hier mitten auf einer Wiese im 17. Jahrhundert in der Nähe eines Einödhofs geschehen sein soll. Die gläubigen Einwohner errichteten zum Andenken an dieses Ereignis 1694 zunächst ein Holzkreuz und 1711 sogar eine Steinkapelle, die in den Jahrzehnten darauf zu einer Kirche ausgebaut wurde, die 1723 das Patrozinium *Zum Heiligen Kreuz (Christi)* erhielt, nachdem ein viel verehrtes Kruzifix aus der Schlosskapelle Liebentann im Landkreis Ostallgäu hierher gebracht worden war. Ganz interessant ist, dass dieser Ort im Allgäu in früheren historischen Quellen vor diesem angeblichen Wundergeschehnis noch unter einem ganz anderen Namen verzeichnet ist: 1451–1453 *zem Kränings*, 1554 *zum Kreunings* und 1640 *Kreinings*. Das Endungs-*s* ist hier ein Genitiv-*s* und damit lässt sich der Ortsname zu jener Zeit auf den Namen der Familie zurückführen, die dort auf einem Hof ansässig war. Die Belege *zem Kränings* bzw. *zum Kreunings* sind nämlich mehr oder weniger als Kurzformen für *ze dem Kräningshof* bzw. *zu dem Kreuningshof* zu interpretieren im Sinne von ›bei dem Hof des/der *Kräning* bzw. *Kreuning*‹. Wenn Sie nun den Familiennamen *Kräning/Kreuning/Kreining* laut aussprechen, unterscheidet er sich doch schon allein lautlich deutlich von dem neuhochdeutschen Wort *Kreuz* bzw. früher *kreutz*. Aus namenkundlicher Sicht ist vor allem das -*ing* ausschlaggebend dafür, dass zwischen dem ursprünglichen Ortsnamen und dem heutigen zumindest sprachlich bzw. lautgeschichtlich betrachtet kein Zusammenhang besteht. Und so muss man es wohl mal wieder auf die schlauen Leute in den Amtsstuben schieben, die aus dem Hof der Familie *Kräning/Kreuning/Kreining* durch Umbenennung in *Kreuz* bzw. später *Heiligkreuz* auch namentlich einen Pilgerort gemacht haben. Denn bereits 1725 pilgerten schon 37 000 gezählte Katholiken zu diesem Ort, der dann diesen neuen Namen zugeschrieben bekam: 1738–1771 *Crönings oder Creuz … zuem Creuz*. 1785 taucht dann erstmals *Kreuz* als Ortsname auf und im 18. Jahrhundert ging der Name der Kirche dann auch in den Namen des gesamten Ortes über: *Heiligkreuz*.

Das Pfarrdorf Heiligkreuz im oberbayerischen Landkreis Traunstein dagegen ist 1300 bereits als *datz* (= da zu) *dem Heiligen Chrævtz* (*Ch-* steht hier für *K-* und *-v-* für *-u-*) überliefert. Viele religiöse Versammlungsplätze und Kirchen wurden zu dieser Zeit nach dem heiligen Kreuz benannt. Die Verehrung des heiligen Kreuzes hatte ihre mittelalterlichen Blütezeiten besonders in der zweiten Hälfte des 8. Jahrhunderts und dann vor allem während der Kreuzzüge zwischen dem 11. bis 13. Jahrhundert.

Wie man am Beispiel *Heiligkreuz* sehen kann, sind es für die Namenforschung wahrlich paradiesische Zustände, wenn ein Ort oft in den historischen Quellen genannt wird und man dadurch die schriftliche Entwicklung des Ortsnamens gut nachverfolgen kann. Beim

Herrgottswinkel

Einöde, Gemeinde Rimsting, Landkreis Rosenheim, Oberbayern

müssen Namenforscher allerdings ganz anders an die Sache herangehen. Grundsätzlich ist der Herrgottswinkel ja ein gesegnetes Platzerl in vielen bayerischen Wohnküchen bzw. Stuben. Ein Eckerl, meist neben dem Esstisch, das geschmückt ist mit einem Kreuz oder einem Bild der Mutter Gottes. So wacht der liebe Gott über die Speisen, die früher nicht so selbstverständlich auf den Tisch kamen wie heute, wo es im Supermarkt alles zu kaufen gibt.

Die Bayern waren schon immer gläubig und vor allem das Bauernvolk war demütig, um in Zeiten ohne künstliche Düngemittel, ohne große Maschinen stets eine gute Ernte einfahren zu können und auch nicht von wütendem Unwetter heimgesucht zu werden. Daher ist es kaum zu glauben, dass der Ortsname *Herrgottswinkel* – auch wenn er nicht so klingt – absolut modern ist, denn so steht er erst seit 1973 im Amtlichen Ortsverzeichnis von Bayern. Ein älterer schriftlicher Beleg für diesen Ortsnamen existiert gar nicht. Die Entstehung des Ortes begann nämlich so: Eine Familie hatte die Rimstinger Gegend oft besucht und so sehr Gefallen daran gefunden, dass sie um das Jahr 1930 herum beschloss, von zwei Landwirten auf der sogenannten Ratzinger Höhe Grund zu erwerben und darauf ein Holzhaus zu bauen. Das brannte 1962 allerdings ab und wurde danach durch ein Haus in Massivbauweise ersetzt. Dort lebt heute noch der Sohn des Ortsgründers. Und der hat erzählt, dass der Ortsname *Herrgottswinkel* deshalb entstanden sei, weil sein Vater die Ruhe auf der Ratzinger Höhe sehr schätzte, daraufhin sein Holzhaus so benannte und schließlich beantragte, dass dieser Name ins offizielle Ortsnamenverzeichnis der Gemeinde aufgenommen wird. Sein Antrag wurde genehmigt – obwohl damals noch niemand wissen konnte, dass 2005 Kardinal Ratzinger aus Bayern zum neuen Papst Benedikt XVI. ernannt werden würde. Damit erfahren wir auch ganz nebenbei: Die Ratzinger Höhe hat mit Joseph Ratzinger – abgesehen von der Namensgleichheit – nichts zu tun. Mit dem Ortsnamen *Herrgottswinkel* mag man aber dann doch allmählich glauben, dass da irgendwie höhere Gewalt im Spiel ist.

Dass im Himmel alles schöner ist als auf Erden, den Glauben daran droht man in Bayern bisweilen zu verlieren. Das Leben unter dem oft strahlend weiß-blauen Himmel finden die meisten einfach wunderschön. Schließlich findet sich auch der

Himmelgarten

Dorf, Stadt Röthenbach an der Pegnitz, Landkreis Nürnberger Land, Mittelfranken

auf bayerischem Boden. Warum gerade dieses Stück Land so einen paradiesischen Namen verdient hat, dafür gibt es gleich zwei Erklärungsmöglichkeiten: Entweder handelt es sich um einen ursprünglichen Flurnamen für ein ganz besonders fruchtbares Landstück, der dann auf eine Ansiedlung übertragen wurde. Oder es ist ein klösterlich-mystischer Name, vergeben möglicherweise von den Nonnen des ehemaligen Nürnberger Katharinenklosters, das im 16. Jahrhundert an diesem Ort einen Hof besaß.

Orte vonseiten der Geistlichkeit so schönfärberisch zu nennen, um eine Verbindung zwischen Himmel und Erde auch in Ortsnamen zum Ausdruck zu bringen, war in Bayern gang und gäbe: *Gnadenberg*, *Engelthal* oder *Seligenporten* sind weitere Beispiele dafür, genauso wie

Himmelreich

Einöde, Stadt Bad Kötzting, Landkreis Cham, Oberpfalz

Weiler, Gemeinde Burgkirchen an der Alz, Landkreis Altötting, Oberbayern

Das existiert immerhin sieben Mal in Bayern – klar, oder? Die zur Stadt Bad Kötzting gehörige Einöde Himmelreich zum Beispiel ist erstmals 1538 als *aufm himlreich* historisch bezeugt. Die Bedeutung erklärt sich von selbst, muss es doch an den *Himmelreich*-Ortschaften wirklich sehr schön sein oder sehr fruchtbar oder der Ort ist einfach nur herrlich oder auch hoch (im Sinne von »dem Himmel nahe«) gelegen.

Letzteres trifft jedenfalls auf den Ort im oberpfälzischen Landkreis Cham zu. Wer sich auf dieser Anhöhe befindet, scheint einen herrlichen Ausblick genießen zu können und sich wie im Himmel zu fühlen. Sie können ja beim nächsten Sonntagsausflug mal »ins« Himmelreich nach Oberbayern, Niederbayern oder auch in die Oberpfalz fahren, sich selbst ein Bild machen, vergleichen und sich das schönste Platzerl zumindest schon mal auf Erden sichern. Nicht gerade sehr fromm war es jedoch, einen Ort ironischerweise *Himmelreich* zu nennen. Beim Weiler Himmelreich bei Burgkirchen an der Alz im oberbayerischen Landkreis Altötting, der erstmals 1604 bereits in seiner heutigen Namensform historisch erwähnt ist, dürfte das wohl der Fall sein – ist dieser Ort doch seit jeher überschwemmungsgefährdet. Das beweisen auch historische Überlieferungen aus einem Neuöttinger Gerichtsliterale im Bayerischen Hauptstaatsarchiv München sowie aus Neuöttinger Forstgerichtsakten im Staatsarchiv München:

1612 (zu 1425): *Georg Millner. In der Mehringerin* (Wiese?) *ein Wissen* (= Wiese) *vnnd heußl im Himelreich genant, so ime meiste thails durch die Alz abwöckh gerissen worden …*

1739: *Lorenz Rotthueth Miller zu Hintermehring … hat im sogen. Himmelreich am Alzflüß dies Forstgerichts ein heusl im Besitz gehabt … dieses heusl durch den reissenden Alzflüß völlig hinweggerissen …*

Auch der eine oder andere Himmelreich-Ort in der Oberpfalz liegt eher in abgelegenen höheren Gefilden, deren Bodenbeschaffenheit sicher nicht als fruchtbar bezeichnet werden kann. Da war dann wohl eher der Wunsch Vater der Namensgebung.

Andere Orte wiederum wurden offenbar Himmelreich genannt, um vielleicht innerhalb des Freistaats zu solchen Orten mit dem Namen

Hölle

Weiler, Gemeinde Pleiskirchen, Landkreis Altötting, Oberbayern

einen Ausgleich herzustellen. Somit gibt es unglaublicherweise auch in Bayern ein paar Mal die Hölle auf Erden. Wobei der Weiler in der oberbayerischen Gemeinde Pleiskirchen 1300 und 1517 noch *Gerharting* hieß und erst 1560 *Auf der Hel* und 1602 *Höll*. Aber sooo schlimm ist es in der bayerischen Hölle dann auch wieder nicht, denn die Bedeutungen des mittelhochdeutschen Verbs *hel(e)n* ›geheim halten, verbergen, verstecken‹ erlauben den Schluss, dass das zugrunde liegende entsprechende Substantiv *helle* wohl auf einen sehr abgelegenen, versteckten oder schwer zugänglichen und deshalb recht unheimlichen und schauerlichen Ort hinweist. Das könnte beispielsweise eine finstere Schlucht sein, ein Hohlweg oder auch ein abgelegener Winkel, aber nicht die wahre Hölle. Wo aber das

Paradies

Weiler, Große Kreisstadt Lindau (Bodensee), Landkreis Lindau (Bodensee), Schwaben

zu finden ist, da braucht es nicht einmal unbedingt schriftliche historische Belege. Früher war es nämlich üblich, Klöster und Wirtschaften mit dem mittelhochdeutschen Wort *paradis* zu bezeichnen, wenn diese vor den Städten, in Gärten oder einfach idyllisch im Grünen lagen. Das »Paradies« befand sich oftmals auch direkt neben einer Flur mit dem Namen *Hölle* – wie gesagt: Ausgleichende Gerechtigkeit nennt sich das!

In Paradies – wie sollte es auch anders sein – fand sich natürlich fruchtbares Land oder auch der beste Weideplatz der Gegend. Doch Vorsicht: Wie bei *Himmelreich* kann der Ortsname *Paradies* auch entsprechend ironisch verwendet worden sein!

Das wollen wir beim Allerheiligsten nun nicht hoffen. Hier hat sich allerdings der Fehlerteufel in den gleichlautenden Ortsnamen hineingeschlichen. In

Tabernackel

Dorf, Gemeinde Etzelwang, Landkreis Amberg-Sulzbach, Oberpfalz

ist doch glatt ein *c* zu viel hineingeraten. Und um weitere Verwirrung zu stiften, sagen die Einheimischen heute immer noch *Kobernogl* zu diesem Ort – eine Bezeichnung, die sich seit 1738 zumindest in der Mundart gehalten hat. *Kober-* könnte möglicherweise auf *Kobel* zurückgehen, das eine Art Behältnis (z. B. Taubenkobel = Taubenschlag) bezeichnen oder ›geringes Wohngebäude‹ bedeuten konnte. So gelang der wundersame Wandel von *Kobernogl* zu *Tabernackel*: 1747 ist der Ortsname plötzlich als *Tabernackel* bezeugt, der laut Fachliteratur ursprünglich so viel wie ›Taubeerenhügel‹ bedeutete. Der erste Namensbestandteil *Taber-* käme dabei von der *Taub-ber*, auch *Taubenbeer* oder *Taubeer(e)*, eine Heidelbeersorte und Lieblingsspeise der Wildtauben. Dem zweiten Namensteil *-nackel* wie auch dem mundartlichen *-nogl* könnte ursprünglich eine bairische Verkleinerungsform auf *-l* zu dem mittelhochdeutschen Wort *knock* (bairisch *gnack*) für ›Nacken; Gipfel; Hügel‹ zugrunde liegen. *Tauber(g)nockl* könnte sich dann zu *Tabernackel* entwickelt haben.

Allerdings deutet vor allem das anlautende *k-* in der Mundartform auf eine Umdeutung des Namens in der amtlichen Schreibung hin und damit auf eine Übertragung der Bezeichnung *Tabernakel* (in der katholischen Kirche die Bezeichnung für den Aufbewahrungsbehälter für eucharistisches Brot) auf den Ortsnamen. Eine Kirche oder Kapelle, in der das Allerheiligste aufbewahrt worden sein könnte, gab es in der unmittelbaren Umgebung des oberpfälzischen Dorfes allerdings nie. Ziemlich mysteriös, die Geschichte dieses Ortsnamens! Für eine

Umkehr

Einöde, Gemeinde Hohenpolding, Landkreis Erding, Oberbayern

ist es bekanntlich nie zu spät. Damit dürfte im Fall dieses oberbayerischen Ortsnamens jedoch nicht unbedingt die religiöse Umkehr gemeint sein. 1482 ist ein *Andre Umbkerer* an diesem Ort bezeugt und aus dem Jahr 1571 ist uns der Ortsname als *Vmbkher* (mit *V*-Schreibung für *U-*) überliefert. Diese Belegformen lassen auf das zugrunde liegende mittelhochdeutsche Wort *umbe-kēre* schließen mit den Bedeutungen ›Umkehr, Umwendung; Wechsel, Umschwung‹, im übertragenen Sinn auch ›Wegbiegung‹

bzw. bairisch ›Pflug- bzw. Wagenwendestelle‹. Und genau da liegt die Einöde seit jeher: an einer markanten Wegbiegungsstelle, an der früher wohl Pflüge oder Wagen gewendet wurden.

Die Hofbesitzer hießen offenbar mit Familiennamen *Umkehrer*. Das lässt sich nicht nur durch die Nennung des Besitzernamens von 1482, sondern auch noch mal 1752 durch den Beleg *Joseph Umbkhehrer* nachweisen. Beim Familiennamen *Umkehrer* dürfte es sich hier um eine Herkunftsbezeichnung zum Ortsnamen *Umkehr* handeln; das heißt, es ist aller Wahrscheinlichkeit nach anzunehmen, dass in diesem Fall der Familienname sich von dem Ortsnamen herleitet und nicht umgekehrt der Familienname auf den Ortsnamen übertragen wurde.

Die Bayern und ihre Viecher

In Bayern ist es nicht unüblich, Tiere in Ortsnamen aufzunehmen. Wobei auffällt, dass das bayerische Wappentier, der Löwe, keine Rolle in den Ortsnamen spielt und dennoch überall im Freistaat präsent ist. »Einmal Löwe, immer Löwe!«, ist zwar nicht der tägliche Motivationsspruch des bayerischen Kabinetts, sondern vielmehr der Fans des Fußballvereins TSV 1860 München – worüber die Fans des schwergewichtigeren und erfolgreicheren FC Bayern München nur feixen. Vielleicht sollten es die »Löwen«-Fans ja mal bei den Glücksbringern versuchen, die vor den Eingängen der Münchner Residenz postiert sind. Jedem, der die Schnauze eines der vier Bronzelöwen berührt, soll Fortuna gewogen sein. Fest steht auch, dass der Braunbär Bruno zu seinen Lebzeiten nicht vor der Münchner Residenz beim Schnauzen-Berühren gesichtet wurde. Vielleicht wäre sein Besuch im Freistaat dann glückreicher verlaufen. Er wanderte 2006 aus der italienischen Provinz Trentino nach Norden über die Alpen bis nach Bayern. Da verwundert es nicht, dass er nach so einer anstrengenden Reise gewaltigen Hunger hatte und deshalb ein paar Haustiere und Schafe auf bayerischem Boden riss. Ob das für einen Bären in freier Wildbahn noch im normalen Rahmen lag und wie gefährlich er wohl Menschen werden könnte, darüber diskutierten nicht nur die bayerische Staatsregierung und viele

Bayern, sondern auch die Presse weltweit. Sogar in der »New York Times« erschien ein Artikel. Der Bär wurde vom »lieben Bruno« zum »Problembär« erklärt und wohnt jetzt ohne Seele im Münchner »Museum Mensch und Natur«.

Die Aufnahme in den Reigen bayerischer Ortsnamen ist für Tiere dagegen ziemlich ungefährlich. Hirsch, Schwan und Schwein werden hier gerne mal verwendet und auch noch ganz anderes Getier.

Eulen

Einöde, Markt Sulzberg, Landkreis Oberallgäu, Schwaben

zum Beispiel. Die Bezeichnung für die Einöde kommt auch nicht von ungefähr. In dem Ort Eulen gibt es auf jeden Fall derartige Vögel, sagen die Einheimischen. Welche Eulenarten in Eulen vorkommen, das wäre jetzt eine Sache für einen Vogelkundler. Eulen sind ja inzwischen schützenswert, weil es zum Beispiel vom Steinkauz nur noch wenige Exemplare gibt.

Der Ortsname *Eulen* leitet sich definitiv von der Bezeichnung für das angeblich recht weise Tier her. Das ist auch in den Archiven nachzulesen: 1379/80 *ze den Julien (zen Jilun, Iwlin)*, 1451 *ze der Ulun* und 1526 dann schon *zu der Eulen*. Mittelhochdeutsch heißt die Eule *iuwel*, aber auch *iule* (sprich *iu* jeweils als *ü*). Die Einöde liegt übrigens auf 857 Metern Höhe – vom Eulengebirge im Südwesten Polens allerdings ziemlich weit entfernt.

Was wäre Ihnen jetzt lieber: der Ruf des Uhus die ganze Nacht lang oder das Geräusch, das Sie in der Nähe einer

Froschlacke

Einöde, Stadt Teublitz, Landkreis Schwandorf, Oberpfalz

Tag und Nacht hören? Doch tun wir diesem Ort nicht vorschnell Unrecht. In Froschlacke scheint es recht lebenswert zu sein. Denn schon 1510 hörte offenbar der Wolfgang dort gerne Froschkonzerte: *Wolfgang ab der La* hieß es damals und 1554 *Wolf auf der Lag*. 1721 ist dann ein *Christof Lackhner auf der Froschlackhen* historisch bezeugt und 1816 erstmals der heutige Ortsname *Froschlacken*. Auch hier liegt es auf der Hand, was das bedeutet: frühneuhochdeutsch *lache, lackhe* steht für ›Lache, Pfütze‹, sodass sich als Gesamtbedeutung für den Ortsnamen ›Siedlung an einer durch auffälligen Froschbestand gekennzeichneten Lache‹ ergibt.

Sollten Sie allerdings vorhaben, über kurz oder lang mal umzuziehen, überlegen Sie sich gut, wohin in Bayern. Vielleicht wäre es vor der Wohnungssuche ja mal ganz schlau, sich nach einem etwas kommoderen Ortsnamen umzusehen, einem Ortsnamen, der weniger zur Belustigung beiträgt, sondern zu erstaunt geöffneten Augen oder Mündern führt, wie zum Beispiel

Goldhasen

Weiler, Gemeinde Rückholz, Landkreis Ostallgäu, Schwaben

Nur die wahre Bedeutung des Ortsnamens, die müssten Sie dann bitte für sich behalten. Hätten Sie gedacht, dass ein Goldhase etwas mit einem Angsthasen zu tun hat? 1424 ist der Ort bezeugt als *Gotthasen* und das mag man wohl – vielleicht ja ohne Brille auf der Nase – für *Golthasen* gehalten haben. Mittelhochdeutsch schrieb man *golt* für ›Gold, Goldschmuck‹. Jedenfalls heißt der Ort seit dem 16. Jahrhundert *Goldhasen* (überliefert auch in verschiedenen Schreibvarianten, die für die Namensdeutung allerdings nicht relevant sind).

Der Ortsname leitet sich wohl von einem Bewohner- bzw. Familiennamen *Goldhas* her, der bereits 1340 in Erkheim bei Memmingen und 1448 in Pfronten urkundlich nachgewiesen ist. Auch bei *Goldhasen* kommt wieder die Dativ-Endung *-en* im Sinne von ›bei einer oder mehreren Personen namens *Goldhas*‹ ins Spiel. Der Familienname *Goldhas* wiederum kann ein Übername sein, das heißt, jemand wurde so benannt, weil er nicht genügend Mumm hatte, denn mittelhochdeutsch *hase* bedeutet so viel wie ›Hase; Feigling‹. Man kann das Ganze jedoch auch positiv sehen: Hasen gelten ja gemeinhin nicht nur als ängstlich, sondern auch als schnell. Wer schon einmal versucht hat, hinter einem Hasen herzulaufen, der weiß, was »Hakenschlagen« heißt. Diesen plötzlichen Richtungswechseln ist nicht hinterherzukommen. Also könnte *hase* auch ein Beiname für einen besonders flinken Menschen gewesen sein – in welcher Hinsicht auch immer.

Der erste Namensbestandteil *Gold-* könnte darauf hindeuten, dass dieser Mensch besonders reich war oder von Beruf Goldschmied, Vergolder oder Goldwäscher – oder *Gold* könnte schlichtweg auch von dem Personen(bei)namen *Golt* kommen, der für das 13./14. Jahrhundert relativ gut bezeugt ist. Jedenfalls siedelten eine oder mehrere Personen

mit dem Familiennamen *Goldhas* auf dem Landstrich und
so bekam der Weiler seinen Namen.
Ähnlich war es womöglich auch in

Katzenhirn
Weiler, Stadt Mindelheim, Landkreis Unterallgäu, Schwaben

obwohl man hier nicht so genau sagen kann, wer hier wem
seinen Namen gab: der Ort dem Bewohner oder der Bewohner dem Ort. Der Familienname *Katzenhirn* existierte
jedenfalls im 16. Jahrhundert – und gehört mittlerweile zu
den ausgestorbenen Arten. Vielleicht hat Herr Katzenhirn
seinen Namen ja verpasst bekommen, weil er einen Kopf
mit Augen wie eine Katze hatte oder eine Schädelform, die
dem einer Katze glich, oder aber weil man ihm eine relativ
bescheidene Intelligenzmasse im Kopf bescheinigte, ein
»Katzenhirn« halt. Mit *Hirn* kann ursprünglich nicht nur
das Gehirn bezeichnet worden sein, sondern im übertragenen Sinn auch der Verstand und dann auch die Stirn bzw.
der Schädel ganz allgemein.
Denkbar ist auch, dass der Ortsname *Katzenhirn* ursprünglich als Flurname ein Stück Land bezeichnete, das so aussah, wie man sich eine Katzenstirn bzw. einen Katzenschä-
del vorstellte.
Höchst interessant ist es, anhand der historischen Quellen
nachlesen zu können, was sich im 15. und 16. Jahrhundert
in der Ortschaft Katzenhirn so zugetragen hat. 1492 steht
zum Beispiel in einer Mindelheimer Gerichtsurkunde, dass
Ulrich von Rechberg und Ulrich von Frundsberg zu Min-

Kurioser geht's fast nicht ... Wer gab hier dem Ort seinen Namen?
Erst die Katze dem Bewohner und dann der Bewohner dem Ort oder
vielleicht doch die Katze dem Ort und der Ort dann dem Bewohner?

delheim einen Rechtsstreit über Güter u. a. zu *Katzenhirn*
beilegten. Es ging dabei um den Gerichtszwang über Güter zu *Haimenegg* und *Katzenhirn*, die Markus Osthaimer
dem Domkapitel Augsburg zugeschlagen hatte. 1503 erscheint Jörg *Katzenhiern*, Pfründner im Augustinerkloster
Mindelheim, als Zeuge in einer Ursberger Klosterurkunde.
1511 gehört das *Katzenhiern* einem gewissen *Trinkele*.
Hanns Katzenhieren und *Jörg Katzenhiern* werden 1545 ge-

154

nannt, *Jörg Katzenhüern* bzw. *Katzenhirn* noch einmal 1547, bevor der Ort dann 1586 *Vorder* und *Hinder Katzenhirn* hieß.

Wir sehen: Tiere oder eben auch Körperteile bzw. Organe von Tieren können schon einmal einem Ort seinen Namen gegeben haben – egal, ob auf direktem oder indirektem Wege. Bei

Mausdorf

Dorf, Markt Hahnbach, Landkreis Amberg-Sulzbach, Oberpfalz

Dorf, Markt Emskirchen, Landkreis Neustadt a. d. Aisch-Bad Windsheim, Mittelfranken

liegt der Fall allerdings ganz anders. Zum einen ist es ganz wichtig zu wissen, in welchem Mausdorf Sie sich befinden – in dem in der Oberpfalz oder in dem in Mittelfranken. Zum anderen sollte auch hier – wie in jedem Fall einer wissenschaftlichen Namensdeutung – der Weg ins Archiv nicht gescheut werden, um als Grundlage für eine fundierte Namenserklärung möglichst historische Schreibungen des Ortsnamens ausfindig zu machen.

Beim oberpfälzischen *Mausdorf* zum Beispiel hat der Namensbestandteil *Maus-* einen slawischen Ursprung. Er kann zurückgeführt werden auf den slawischen Personennamen *Mališa* worauf die Belegform *Malisdorf* von 1138 schließen lässt. Das alt- bzw. mittelhochdeutsche *-dorf* konnte ursprünglich auch nur einen ›Hof‹, ein ›Gehöft‹ oder ein ›Landgut‹ bezeichnet haben, daneben auch eine

›Häusergruppe von mehreren Gehöften‹ im Sinne unseres heutigen Verständnisses eines Dorfs. Die aktuelle Schreibweise *Mausdorf* erscheint erst 1773 – mal wieder ein klarer Fall von Unklarheit: Mit dem Namensteil *Mals-* (siehe Belege *Mälstorf* von 1377 und *Malsdorf* von 1683) konnte damals offenbar keiner mehr etwas anfangen, also ersetzte man es einfach durch das allseits bekannte neuhochdeutsche Wort *Maus*.

Der mittelfränkische Ortsname *Mausdorf* ist u. a. 1235 in einer Nürnberger Urkunde als *Musemardorf* und 1456 als *Mußmansdorff* historisch bezeugt. Der Namensbestandteil *Maus-* geht hier ursprünglich auf einen mittelalterlichen deutschen Personennamen zurück, der mit *Mus-* beginnt. Wie die zweite Silbe des Personennamens ursprünglich lautete (*-mar*, *-man* oder ähnlich?), lässt sich heute nicht mehr eindeutig bestimmen. Hier tappen wir namenkundlich noch ziemlich im Dunkeln und haben hierfür das Aktenzeichen XY ungelöst angelegt. Sachdienlich ist höchstens die Vermutung, dass hier ähnlich wie beim *Mausdorf* in der Oberpfalz in späteren Jahren einfach die neuhochdeutsche Tierbezeichnung *Maus* in den Ortsnamen hineininterpretiert wurde. Andernfalls hätte die erste Silbe des Ortsnamens *Mūs-* (mit langem *-ū-*) lauten müssen, damit sich der Langvokal gemäß lauthistorischer Regeln zum heutigen *-au-* entwickeln hätte können. Doch ein alt- bzw. mittelhochdeutscher Personennamenbestandteil *Mūs-* (mit langem *-ū-*) ist nicht bezeugt und auch nicht so ohne Weiteres zu erschließen. Man muss es sich ja schließlich auch nicht unnötig schwer machen, würde ein waschechter Franke jetzt sagen, sonst würde man doch die

Motten

Pfarrdorf, Landkreis Bad Kissingen, Unterfranken

kriegen. *Motten*, so hieß das heutige Pfarrdorf schon 837. Das ist uns überliefert in einer Kopie des 12. Jahrhunderts, im sogenannten Codex Eberhardi, einem Güterverzeichnis des damaligen Reichsklosters Fulda. In der zweiten Hälfte des 13. Jahrhunderts ist der Ortsname in verschiedenen Hanauer Urkunden als *Mothen, Moten, Muthen, Mûtin, Mûthen* und *Môten* zu lesen und 1362 als *zum Motin*. Daraus kann nur schlau werden, wer den erschlossenen althochdeutschen Personennamen **Môto* bzw. **Muoto* kennt, der hier einfach im ostfränkischen Genitiv auf *-en* dem Ortsnamen zugrunde liegen dürfte. Ähnlich wie bei den Ortsnamen *Rausch* (siehe Kapitel »Die Bayern und postkulinarische Beben«) und *Train* (siehe Kapitel »Die Bayern und die Globalisierung«) ging der Ortsname auch hier aus einem Personennamen im Genitiv hervor, wobei ein zu erwartendes Grundwort wie *-dorf, -hausen* usw. früh ausgefallen oder von Haus aus nur dazugedacht war. Und sofern es sich nicht um eine bloße frühneuhochdeutsche Schreibvariante für einfaches *t* handelt, könnte das Doppel-*t* in der heutigen Schreibung von einer späteren Anlehnung an das neuhochdeutsche Wort *Motte* herrühren, das wohlgemerkt erst im 13./14. Jahrhundert aus dem Mittelniederdeutschen (*mutte*) ins Hochdeutsche übernommen wurde und somit mit dem Ortsnamen urtümlich nichts zu tun haben kann, der ja schon im 9. Jahrhundert bezeugt ist.

Wohl dürften aber auch in Motten selbige des Nachts das Licht umschwirren. Während in

Sauberg

Weiler, Gemeinde Kirchanschöring, Landkreis Traunstein, Oberbayern

Einöde, Gemeinde Pleiskirchen, Landkreis Altötting, Oberbayern

sich wohl wirklich Schweine oder Wildschweine auf einem Berg bzw. einer Anhöhe aufgehalten haben, worauf die identischen Belegformen *Sawperg* (-*w*- steht hier für -*u*-) aus dem 16. Jahrhundert für die beiden oberbayerischen Ortsnamen schließen lassen. Mehr gibt's dazu wirklich nicht zu sagen. Bei

Schwandorf

Große Kreisstadt, Landkreis Schwandorf, Oberpfalz

können sich Namenforscher wieder richtig austoben. Den Ort mit Schwänen in Verbindung zu bringen, wäre wirklich viel zu einfach. Namensgeber für den Ort war auch kein anderes Tier, ein Schwein oder Ähnliches. *Schwein* hieß im Mittelhochdeutschen noch *swīn*, doch der Ortsname ist erstmals ca. 1006 als *Suainicondorf* historisch überliefert, also mit ursprünglichem -*ei*- (hier in der bairischen Schreibvariante -*ai*-). Namenkundlich hergeleitet deutet *Suainicon*- zunächst auf eine Person mit dem altbairischen Namen **Sweinikko* – und das ist womöglich ein Kosename zu mittelhochdeutsch *swein* für ›Hirt, Knecht‹. Wer jetzt den Einwand erhebt, der **Sweinikko* sei ein rechter »Saupreiß« (also eindeutig und unmissverständlich ein Preuße) gewesen, weil Koseformen auf *-iko* im Allgemeinen niederdeutsch sind (z. B. entspricht niederdeutsch *Werneke* oberdeutsch *Wernlein, Wörnlein, Männeken – Männlein, Heineke – Heinlein*), der irrt aller Wahrscheinlichkeit nach. Die neuere sprachwissenschaftliche Namenforschung hat nämlich nachweisen können, dass Personennamen auf *-ikko*, das dann zu *-iko* vereinfacht worden sein konnte, auch für das bairische Sprachgebiet erschlossen werden können, ohne dass der Träger eines Namens wie *Sweinikko* norddeutscher Herkunft gewesen zu sein braucht.

Wie kam nun aber Schwandorf zu seinem *Sch*- im Namen? Auch das kann sprachgeschichtlich erklärt werden. Die *-u*-Schreibungen im oben erwähnten Erstbeleg sowie in den Belegformen 1010–1020 *Suueinicandorf* und ca. 1048 *Sueinikindorf* stehen für *w*. Und *s* wird vor *w* nach den Lautregeln der historischen Sprachwissenschaft vom Mittelhochdeutschen zum Frühneuhochdeutschen hin zu *sch* (so wie beispielsweise auch mittelhochdeutsch *swarz* sich zu frühneuhochdeutsch *schwarz* entwickelte). Der Fachausdruck für diese wundersame Lautverwandlung heißt »Palatalisierung«, aber das nur nebenbei.

Auch auf die Historie der Laute ist zurückzuführen, dass in der Quelle von 1472 plötzlich *Swaingdorf* auftaucht. Da sind ganz regulär unbetonte Nebensilben entfallen. 1473 ist der Ortsname dann als *Schwandorff* bezeugt. Hier dürfte in den Ortsnamen wieder einmal ein allseits bekanntes Wort hineininterpretiert worden sein, nämlich die (früh)neuhochdeutsche Gänsevogelbezeichnung *Schwan*, weil diese offenbar ganz ähnlich klang wie der eigentlich zugrunde liegende Personenname, der sich bis zu dieser Zeit beinahe bis zur Unkenntlichkeit gewandelt hatte.

In Bayern gibt es wirklich viele Eigentümlichkeiten, das geben wir schon offen zu. Doch dass in

Wurmrausch

Weiler, Gemeinde Birgland, Landkreis Amberg-Sulzbach, Oberpfalz

Würmer einen Rausch haben, das können wir nicht beglaubigen. Da müsste man schon ein paar ins Bierglasl tauchen – und wer kommt schon auf so eine hirnrissige Idee? Da tauchen die Bayern schon lieber selbst ein! Womit die Bedeutung des Ortsnamens allerdings noch nicht abschließend geklärt wäre. Dessen Belegreihe sieht jedenfalls folgendermaßen aus: 1043 *Wŏrmerīscha*, 1118–1125 *Wurmriske*, 1253 *Wurmrisch*, 1334–1338 *Wurmreisch*, 1448 *Wurmresch*, 1468 *Wurmrasch*, 1534 *Wurmreysch*, 1580 *Wurmreusch*, um 1600 *Wurmrausch*.

Das Wort *wurm* war im Alt- und Mittelhochdeutschen in seiner Bedeutung wesentlich umfassender als heute. Es konnte nicht nur für ›Wurm‹ stehen, sondern auch für ›Insekt; Schlange, Drache‹. Und -*rausch* ist auf das erschlossene althochdeutsche Wort **rīsk* zurückzuführen, dessen Bedeutung aber nicht eindeutig geklärt ist, womöglich aber ›Binse‹ oder ›Gebüsch, Gesträuch, Reisig; Baumzweig‹ meint.

Also kann jetzt wieder nur gerätselt werden, warum dieser Weiler, der in einem Bergkessel ohne Wasserlauf liegt,

Wurmrausch heißt. Evtl. wurde der Ort nach einem ›Schlangengebüsch‹ benannt? Oder es handelt sich vielleicht um einen bisher nicht nachgewiesenen Pflanzennamen? Das muss leider offen bleiben. Wir würden heute einfach einen Denkfehler unterstellen, allerdings nur, weil wir die Denkweise von damals in diesem Fall nicht mehr nachvollziehen können. Um einen Rechtschreibfehler scheint es sich hier jedenfalls nicht zu handeln.

Die Bayern und der Fehlerteufel

Viele werfen den Bayern ja vor, jede Gelegenheit zu nutzen, ihre Eigenständigkeit unter Beweis zu stellen. Auch an der Rechtschreibreform, die im August 2005 in Kraft trat, beteiligten sich die Bayern nicht sofort. Der bayerische Kultusminister wartete mit seinem Segen lieber noch fünf Monate ab, bis der Rat der deutschen Rechtschreibung sich auf letzte Korrekturen der Reform geeinigt hatte. Fünf Monate, in denen die neue und die alte Rechtschreibung erlaubt waren – da durfte sich der Fehlerteufel mal so richtig austoben! Der ist übrigens auch ein bayerisches Geschöpf, erdacht von Ilse Herrndobler. Als Grundschullehrerin wollte sie den Kindern das mühsame Erlernen der Rechtschreibung etwas schmackhafter machen und ersann Arbeitsblätter mit einer Figur, die Buchstaben verdreht oder diese ganz verschwinden lässt: »Uli, das Fehlergespenst«. Der Zeichner Franz Josef Ott versuchte, dieses Fehlergespenst bildlich umzusetzen. Doch das Ergebnis gefiel weder der Erfinderin noch dem Grafiker selbst. In Teamarbeit und in Anlehnung an den Fehlerteufel, der im Druckereiwesen ein geläufiger Ausdruck ist, kreierten beide einen neuen lustigen Gesellen: »Uli, den Fehlerteufel«. Der wurde in den 1970er-Jahren zum Freund und Begleiter aller Schüler. Für Autorin und Grafiker begann eine Erfolgsgeschichte. Mit einer Auflage von zehn Millionen

Exemplaren war »Uli, der Fehlerteufel« das bestverkaufte Schulbuch seit Kriegsende. »Uli« fand nach Auskunft von Ilse Herrndobler sogar in den Lehrplänen seinen Niederschlag. Doch eines Tages rief bei der Autorin ein baden-württembergisches Schulamt an und erklärte, man bestelle sofort alle Bücher ab, wenn nicht umgehend die Teufelsfigur verändert würde. So nahm der Zeichner dem »Uli« die Hörner ab und setzte ihm langweilige Teddyohren auf.

Eine falsche Legende, die irgendwann aufkam, können wir dank Ilse Herrndobler entkräften: Dass die Pumuckl-Erfinderin Ellis Kaut von so manchem auch fälschlicherweise als Erfinderin von »Uli, dem Fehlerteufel« gehalten wird, liegt wohl daran, dass Ellis Kaut auch einmal Fehlerteufelgeschichten geschrieben hat – und zwar auf Bitte von Ilse Herrndobler. Es kam sogar eine Schallplatte mit »Uli« heraus. Doch »Uli« bekam darauf ungünstigerweise eine sehr tiefe Stimme verpasst, nur um dem Pumuckl keine Konkurrenz zu machen. Und so floppte das Buch mit den Fehlerteufelgeschichten genauso wie die LP. Der Berühmtheit von »Uli« tat das aber bis heute keinen Abbruch. Viele erinnern sich immer noch sehr gut an den kleinen Rechtschreibteufel aus Kindertagen.

Als Namenforscher kennt man sich ja auch bestens mit Fehlerteufeln aus, scheint es sie – jedenfalls nach unserem heutigen Rechtschreibempfinden – doch seit Hunderten von Jahren schon in bayerischen Ortsnamen zu geben. Auf den ersten Blick ist es aber trotz aller Rechtschreibdoktrinen nicht ganz nachvollziehbar, warum man beispielsweise *Acker* nicht auch mit *-gg-* schreiben sollte – noch dazu wenn man in Franken wohnt. Dann wird aus dem *ck* gern schon mal ein Doppel-*g*. Warum aber dann ein Ort in Oberbayern

Hexenagger

Kirchdorf, Markt Altmannstein, Landkreis Eichstätt, Oberbayern

heißt und seit 1831 mit Doppel-*g* geschrieben wird, das liegt ganz einfach an der früher noch fehlenden Rechtschreibung, die in Deutschland erst mit Konrad Duden gegen Ende des 19. Jahrhunderts ihren Anfang nahm. Vorher wurde mehr oder weniger nach Gehör geschrieben und so findet man für manche gesprochenen Laute viele verschiedene Schreibungen in den historischen Quellen, insbesondere aus der Zeit des Frühneuhochdeutschen, also von ca. 1350 bis ca. 1650.

Dass bei dem Ortsnamen auch die Franggen ... äh ... die Franken ihre Finger oder besser ihre Sprache mit im Spiel haben könnten, liegt überhaupt nicht fern. Denn der Landkreis Eichstätt, in dem sich das Kirchdorf Hexenagger befindet, gehörte bis 1972 zu Mittelfranken, bevor die Gebietsreform zuschlug und daraus einfach einen oberbayerischen Landkreis machte. Und die Franken sprechen halt bekanntermaßen die Konsonanten nicht so hart aus wie der Rest der Bayern.

Auch die Assoziation mit dem Acker ist gar nicht so weit hergeholt: Der Hexenagger war früher wohl mal ein Acker, der einem *Hāhiso* gehörte. Jedenfalls lässt die schriftliche

Überlieferung des Ortsnamens u. a. 1060–1068 als *Hahsinacher*, 1090–1095 als *Hahsinakker*, 1135–1146 als *Haehsenakcher* und 1322 als *Hehsnakker* sehr wahrscheinlich auf eine derartige Deutung schließen. Althochdeutsch *ackar*, mittelhochdeutsch *acker* steht für ›Acker, Feld, Landstück‹.

Aber jetzt kommt's: Schon ab dem 14. Jahrhundert verstanden die Schreiber den ersten Namensbestandteil offenbar nicht mehr und deuteten ganz unchristlich die Hexen ein. Vielleicht wohnte in Hexenagger zu der Zeit tatsächlich eine Frau, die als Hexe verschrien war. Das gab's im Mittelalter ja durchaus des Öfteren, vor allem bei Rothaarigen. Erst im 18. Jahrhundert wurde die Hexenverbrennung in Bayern abgeschafft, nachdem eine intellektuelle Auseinandersetzung um den Unsinn des Hexenglaubens getobt hatte.

Die genaue Herleitung des Ortsnamens hat allerdings ganz und gar nichts mit Hexerei zu tun. Das lässt sich sprachwissenschaftlich wunderbar beweisen, und zwar anhand der Aussprache des Ortsnamens in der Mundart. Im Dialekt heißt der Ort nämlich *Haxnagga*, vorn mit einem hellen -*a*- gesprochen, was rein lautgeschichtlich wiederum genau auf das Bestimmungswort *Hāhiso* passt. Und mit *Haxn*- sind nicht die Hexen gemeint, sondern die Haxen, also die Beine. Das ist bei Weitem nicht so abwegig wie die Hexen, weil bei einem steilen Acker sicher die Haxen recht stark beansprucht werden konnten. Hätten die Einheimischen tatsächlich von Hexen geredet, müsste die Mundartform auch heute noch *Hexnagga lauten.

Also, kein fauler Zauber steckt hier dahinter. Allenfalls

zauberhaft ist der Ort Hexenagger vor allem in der Adventszeit. Auf dem gleichnamigen Schloss gibt es einen der gemütlichsten Weihnachtsmärkte Bayerns mit hinreißenden Ständen und wunderbarem Krimskrams sowie herrlichen Köstlichkeiten.

Bei so einem schönen Ausflug könnte es Ihnen auf dem Nachhauseweg passieren, dass Sie plötzlich ganz dringend … na, Sie wissen schon … ja, ein

Kloo

Einöde, Gemeinde Bayrischzell, Landkreis Miesbach, Oberbayern

benötigen – wobei man ja eigentlich nach dem Örtchen mit der Doppel-Null Ausschau hält und nicht nach dem mit dem Doppel-*o*. In Kloo gibt es sicherlich auch ein solches. Doch der Ortsname hat damit überhaupt gar nichts zu tun. Das lässt sich ganz klar beweisen.

Der Ortsname wird erstmals bereits 1078–1080 als *Chitanreinisowa* (*Chitan-* steht hier für eigentliches *Chitin-*) erwähnt. Dieser Name setzt sich zusammen aus einer Genitivform auf *-is* bzw. *-es* des ebenfalls im 11. Jahrhundert bezeugten Berg- bzw. Flurnamens *Chitinrain* und dem Grundwort althochdeutsch *ouwa* ›Insel‹, mittelhochdeutsch *ouwe* ›Land am Wasser, von Wasser umflossenes Land, Insel, Halbinsel, nasse Wiese‹, was später zu *Au* wird. Noch heute ist der alte Flurname *Chitinrain* als *Kittenrain* in der Gegend um Bayrischzell bekannt und bezeichnet dort eine Hügelkette, die sich als natürliche Grenzmarkierung von der Aurachmündung in die Leizach bei Hammer bis Dorf hinzieht. Der Name *Chitinrain* wiederum stellt eine Zusammensetzung aus einer Genitivform auf *-in* des erschlossenen althochdeutschen Personennamens **Chit(t)o* und dem Grundwort althochdeutsch *rein* für ›Rain, Ackergrenze‹ dar, sodass sich als ursprüngliche Bedeutung des Flurnamens ›Ackergrenze/Grenzrain/Feldrain, die/der nach einer Person namens **Chit(t)o* benannt ist‹ ergibt.

1400 allerdings ist der Besitzername *Kloo Chuntz* überliefert und 1467 heißt der Ortsname *Chutenrayn Klo*. Daraus lässt sich ableiten, dass seit dem 15. Jahrhundert der ursprüngliche Ortsname durch den Besitzer- bzw. Familiennamen *Klo(o)* verdrängt wurde. Die Schreibweise mit zwei *o* ist dabei lediglich eine frühneuhochdeutsche Schreibvariante, um die Länge des Vokals zu kennzeichnen. Wenn wir jetzt mal wieder in mittelhochdeutschen Wörterbüchern nachforschen, dann finden wir für die Wörter *klā*, *klāwe*, *klouwe*, *klō* die Bedeutungen ›Klaue, Kralle eines Vogels‹. Auch im Bairischen bezeichnet *Klō*, *Klou* die ›Klaue, besonders den gespaltenen Huf des Hornviehs und anderer Säugetiere; verächtlich auch den Finger‹. Somit könnte der bairische Beiname *Klo(o)* ursprünglich an eine Person vergeben worden sein, die beispielsweise ein mit einer Klaue oder Kralle vergleichbares körperliches Merkmal aufwies oder auch im übertragenen Sinne besonders gerne »die Krallen zeigte«, also etwa als besonders angriffslustig und gefährlich eingeschätzt wurde, oder die beispielsweise einfach nur viel mit Klauentieren (z. B. Rindern) oder Vögeln zu tun hatte.

Georg Kloo, der heute noch mit seiner Familie in Kloo lebt,

kann dazu genau Auskunft geben. Glücklicherweise zeigt er nicht die Krallen, wenn man ihn auf den Namen anspricht. Seine Erklärung ist einleuchtend: In Kloo lebt bereits seit Jahrhunderten ein sehr angesehenes Bauerngeschlecht, das in der Gegend als »der Klou in der Geilau« bekannt ist. Der Name *Klou* kommt hier definitiv von der Rinderklaue, denn der »Klou-Bauer« hielt dort schon immer mehr Rinder als alle anderen Landwirte in der ganzen Umgebung. Zum großen Leidwesen der Familie ist die eigentliche Bedeutung von bairisch *Klō* bzw. *Klou* in unserer Zeit kaum mehr geläufig, sodass ihr Name wie auch der Ortsname heutzutage ausschließlich mit der heute für einzig angesehenen Assoziation in Verbindung gebracht wird. Verständlich, dass der Sohn von Georg Kloo neuerdings seinen Namen hat ändern lassen in *Kittenrainer*. »Damit geht zwar eine 600-jährige Namenstradition zu Ende«, sagt Georg Kloo, »doch auch der Name *Kittenrain* besitzt eine eigene Tradition, sogar eine noch längere.« Auch der Bauer von Kloo wird heute noch »der Klo zu Kittenrain« genannt. Ein anderer Fall, bei dem man als Bewohner verständlicherweise so richtig seine Krallen ausfahren könnte, ist der Ortsname

Plöd

Weiler, Gemeinde Soyen, Landkreis Rosenheim, Oberbayern

Gemeinerweise könnte man die Plöder als entsprechend ungebildet bezeichnen, schreiben sie doch nicht einmal ihren Ortsnamen »richtig«. Aber bei den bayerischen Ortsnamen gelten offensichtlich ganz eigene Gesetze der Rechtschreibung.

Schauen wir mal wieder in alte Urkunden und Bücher: 1234 hieß der Ort noch *Engelsperch*, 1685 dann ist der Ortsname als *Zum Plöderl, sonst Englsperg genant* überliefert und 1752 findet sich der Eintrag *Plöd, Georg Oberplöderl*. Daraus lässt sich ja schon einiges ablesen, zum Beispiel dass in Engelsberg ein gewisser Herr Plöd – das *P-* ist hier aus einer frühneuhochdeutschen Schreibvariante für *B-* hervorgegangen – gewohnt hat, der offenbar auch mit der bairischen Kose- bzw. Verkleinerungsform *Plöderl* angesprochen wurde. Er gab dem Ort also seinen Namen.

Dass der Herr Plöd allein schon aufgrund seines Namens wirklich »blöd« war, lässt sich heute allerdings nicht mehr beweisen. Vielmehr könnte man aus den Bedeutungen ›zerbrechlich, gebrechlich, schwach; zaghaft‹ für das mittelhochdeutsche Adjektiv *blœde* herleiten, dass Herr Plöd seinen Beinamen einst bekommen hat, weil er ein recht zierlicher, um nicht zu sagen kränklicher oder schwacher Typ war – was mit schwachsinnig wirklich nichts zu tun hat! Also: Wenn man früher »blöd« war, war man weniger dumm als vielmehr zartbesaitet oder auch zart gebaut.

Da wird den Bewohnern von Plöd jetzt sicherlich ein großer Stein vom Herzen fallen. Und sie können mit Verweis auf die Namenforschung gleich zweifach unter Beweis stellen, dass sie keineswegs zu den nicht so sehr mit Intelligenz Gesegneten gehören und auch der Ortsname überhaupt nicht das bedeutet, was ein Außenstehender vermuten könnte. Und auf eine Rechtschreibschwäche lässt der Ortsname schon gar nicht schließen. Das könnte man aber von

Seelig
Dorf, Stadt Waischenfeld, Landkreis Bayreuth, Oberfranken

durchaus behaupten. Mag es doch viele geben, denen hier ein Rechtschreibfehler gar nicht auffallen würde. Doch die früheren Eintragungen des Ortes lassen auf etwas ganz anderes schließen, nämlich darauf, welche Bäume an diesem Ort einst standen und sogar heute noch in der Nähe zu finden sind: Salweiden. Ein Acker nördlich von Seelig heißt heute noch *Weidenbührlein*, was so viel bedeutet wie ›kleine Erhebung, wo Weiden wachsen‹.

Ca. 1304 (Kopie von 1358) wird der Ort erstmals als *Salhech* erwähnt:

Auszug aus dem Bestand »Lehenbuch 1« (Blatt 102) von ca. 1304 (Kopie von 1358) im Staatsarchiv Würzburg

1346 hieß er dann *Selech*, 1468 *Sellich* und im ersten Viertel des 16. Jahrhunderts *Seelich*, bevor er 1649 in der Schreibung zu *Seelig* wurde. Schauen Sie jetzt bitte mal an das Ende dieser Namensformen: Dann erkennen Sie ein Sprachelement *-ich* bzw. *-ig*, das auf mittelhochdeutsch *-ech(e)* zurückgeht, das wiederum aus althochdeutsch *-ahi*

170

hervorgegangen ist und als zweiter Namensbestandteil so viel ausdrückt wie ›Ort, an dem es viele … gibt‹. Mittelhochdeutsch steht *salhe* (oder auch *saliche*) für die ›Salweide‹. Auch im Schwäbisch-Alemannischen gibt es den Flurnamen *das Salach*, *Sälach* für ›Stelle mit Salweiden‹. Untrüglich also, dass die Salweidenbäume dem Ort seinen Namen gegeben haben. Wer's nicht glaubt, mag auch so selig werden oder einfach mal in Seelig nach den Salweiden schauen.

Die Bayern und ihre derbe Seite

Bayern hatte ja, bevor das Land vollends zum Hightech-Standort aufstieg, seine Wurzeln in der Landwirtschaft. Es war seit jeher hart und entbehrungsreich, das Leben auf dem Land, bei der Feldarbeit, auf dem Bauernhof – fast täglich ein Kampf um die Existenz. Rau und derb zu sein war also angebracht, um zu überleben. Doch so manch einer ist halt dann vielleicht auch in Momenten handfest, in denen eine gefühlvollere Seite zum Tragen kommen müsste. Wenn sich beides dann vermischt, kommt vielleicht das heraus, was viele dem bodenständigen Landvolk aus dem Süden der Republik unterstellen: eine derbe Unanständigkeit, die aber durchaus auch ihre interessanten Seiten hat. Derb sind auf jeden Fall die Sprüche, die auch an bayerischen Stammtischen geklopft werden. Ob es darum geht, die »Kopf-bis-Fuß-Ausstattung« eines bayerischen Mädels zu beschreiben, seine eigene, wie auch immer geartete Potenz verbal unter Beweis zu stellen oder über das Eheleben oder Nichteheleben eines Paares im Dorf herzuziehen – im Wirtshaus in trauter Runde unter Männern kommt alles auf den (Stamm-)Tisch – ohne Gnade, geradeheraus und wenn's sein muss: in seiner ganzen Derbheit! Wenn man Nichteinheimische fragt, dann wird das Bayernland doch oft auch mit einem Leben auf der Alm, wo's koa Sünd' gibt, in Verbindung gebracht. Fensterln, also die Angebetete des Nachts über eine Leiter durch das Fenster zu ihrem Schlafgemach aufzusuchen, das ist keine Mär. Und wer weiß, was da in den Nächten so alles entstanden ist. Vielleicht ja auch der ein oder andere Ortsname wie

Busendorf
Dorf, Markt Rattelsdorf, Landkreis Bamberg, Oberfranken

Doch auch wenn in dem Ort sicherlich Frauen mit ordentlicher Ausstattung gewohnt haben und immer noch wohnen mögen, darauf spielt der Name ganz und gar nicht an, obwohl er 1257 (Kopie von 1480) bereits als *Busendorf* niedergeschrieben wurde und sich über die Jahrhunderte hinweg in seiner heutigen Form gehalten hat – wenn man mal von einigen frühneuhochdeutschen Schreibvarianten absieht, wie etwa 1394 *Pussendorff* oder 1563 *Pusenndorff*. Schleicht sich doch beim Lesen dieses Ortsnamens gleich das Ideal weiblicher Schönheit vor das geistige Auge …
Dieser Traum ist allerdings sofort ausgeträumt, wenn Sie jetzt erfahren, dass *Busen-* in diesem Fall vom männlichen Personennamen *Buoso* kommt, und zwar genau genommen, wenn man quasi »das Dorf des *Buoso*« auf Mittelhochdeutsch schreiben würde. Dann bekommt der *Buoso* im Genitiv Singular ein *-en* angehängt, *-dorf* wird hintenangestellt und daran können wir heute wiederum ersehen, was es mit dem Ortsnamen auf sich hat. Im Dialektgebiet von Busendorf, also im Ostfränkischen, entwickelte sich *Buos-* relativ früh zu *Būs-*, womit wir schon bei der heuti-

173

gen Namensform angelangt wären. Also mit Geschlechts-
merkmalen hat der Name rein gar nix zu tun. Wohingegen
der Ortsname

Ficker

*Einöde, Gemeinde Unterneukirchen, Landkreis Altötting,
Oberbayern*

doch ziemlich eindeutig klingt, finden Sie nicht? Aus der
historischen Belegform *Fvtker* (mit *-v-*Schreibung für *-u-*)
von 1231–1234 geht das im Grunde genommen auch hervor, wenn man sich die mittelhochdeutschen Worte *vut* für
›weibliche Scham‹ und *ker* als bairische Schreibvariante von
gēr für ›Waffe zum Werfen und Stoßen, Speer‹ vor Augen
führt. Es dürfte sich bei dem Ortsnamen also ursprünglich
um einen ziemlich deftigen Spottnamen gehandelt haben,
den der Besitzer dieses Einödhofes erhalten oder ein Bewohner dorthin mitgebracht hat. Dies bestätigen auch
spätere Belege von Besitzernamen wie 1506 *Lukas Fuckher*
oder 1529 *Lucas Fickher*, der den Viertelshof *Fukher* besitzt.
Diese Belegformen zeigen, dass das ursprüngliche *-tk-* in
dem Namen durch Sprecherleichterung zu *-k-* (hier *-ckh-*
oder auch *-kh-* geschrieben) angeglichen wurde. Und wie
wird aus dem *-u-* ein *-i-*? Klingt verzwickter, als es ist. Das
geschriebene *-u-* muss tatsächlich als *ü*-Laut gesprochen
worden sein, denn nur aus einem *ü* konnte sich in der
mundartlichen Aussprache im Bairischen ein *i* entwickeln
(vergleiche etwa auch bairisch *Schissl* für neuhochdeutsch
Schüssel). Dass in den historischen Quellen der Laut *ü*

174

vielfach mit *u* bzw. mit dessen Schreibvariante *v* wiedergegeben wurde, ist in der Sprachgeschichtsforschung hin-
länglich bekannt. Der *ü*-Laut in der Überlieferungsform
Fvt-ker lässt sich als eine Pluralform zu *vut* erklären. Bei der
Pluralbildung von Substantiven tritt im Deutschen des Öfteren ein Umlaut auf (siehe zum Beispiel auch *Buch – Bücher*). Das dürfen Sie glauben. Da will Ihnen niemand ein
ü für ein *i* vormachen. Das ist sprachwissenschaftlich ver-
brieft. Die genannte lauthistorische Entwicklung führte
schließlich zu dem Bewohnernamen 1810 *Josef Ficker am
Wetterkreuz*, der dann auch zur Benennung der Einöde her-
halten musste – oder vielleicht sogar mit einer gehörigen
Portion Stolz für den Ort verwendet wurde. Ob dort – ge-
linde gesagt – stets ein buntes Treiben herrschte, wer weiß
… Geht uns aber auch wirklich gar nix an!
Interessant wäre es allerdings schon, zu wissen, ob es den
Bewohnern von

Kotzendorf

*Dorf, Gemeinde Königsfeld, Landkreis Bamberg,
Oberfranken*

des Öfteren mal den Magen umdreht. Nein, sicherlich
nicht öfter als in anderen bayerischen Orten auch, etwa
nach einem Magen-Darm-Infekt oder dem Genuss eines
unheilvollen Bier-Schnaps-Gemisches oder nach einer
Achterbahnfahrt oder wann auch immer. 1187 hieß der
Ort noch *Chozendorf.* Auch hier haben wir einen ähnlichen
Fall wie vorher bei *Busendorf. Chozen-* ist der mittelhoch-

deutsche Genitiv Singular auf *-en* des deutschen Kurznamens *Cozo/Cozzo/Kozzo* oder des slawischen Personennamens **Choсь* (sprich: *Chotzi*). Ob die Person mit einem derartigen Namen zufällig jemand war, der gerne italienische Muscheln aß, die ja *cozze* heißen, oder doch mal unfreiwillig wiederholt sich auf etwas unangenehme Weise entleeren musste, das wird ein ewiges Geheimnis bleiben. Weil Kotzendorf in Oberfranken liegt und diese Region früher nachweislich auch deutsch-slawisches Kontaktgebiet war, prüft der Ortsnamenforscher hier auch immer eine mögliche Herleitung aus dem Slawischen. Tja, und manchmal kommt dabei eben heraus, dass der betreffende Name oder Teile davon entweder eine deutsche oder eine slawische Herkunft haben könnten. Erstaunlicherweise kann man nicht alle ähnlich klingenden Ortsnamen gleich in einen Deutungstopf werfen. So kommt der erste Namensteil *Kotz-* des Ortsnamens

Kotzheim

Weiler, Gemeinde Ursensollen, Landkreis Amberg-Sulzbach, Oberpfalz

definitiv nicht von dem slawischen Namen **Choсь*, sondern vielmehr von der Tierbezeichnung *Katze*, die im Althochdeutschen *kazza* lautete. Das geht aus der historischen Überlieferung des Ortsnamens hervor, u. a. 1159 *Kazzheim* und 1374 *Katzheim*. Erst 1827 ist die heutige Namensform *Kotzheim* erstmals bezeugt. Wie aus dem *-a-* ein *-o-* werden konnte, lässt sich auch leicht erklären: durch die

176

Mundart nämlich. Im nordbairischen Dialekt wird ein Kurzvokal *a* in Dehnung regulär zu einem langen *ō*, welches heute noch in der Mundartform *Kōdsum* vorliegt. Das erklärt auch die dialektnahe Schreibform mit *-o-* beim Ortsnamen *Kotzheim*, die sich seit dem 19. Jahrhundert bis heute erhalten hat.

Aus all dem lässt sich jedoch nicht darauf schließen, dass die Katzen von Kotzheim oft Nichtbekömmliches serviert bekommen. Vielleicht passt die heute noch in Österreich verwendete Redewendung »Katzen schauen« (im dortigen Dialekt: »Kotz'n schaun(g)«) auf den Ort, weil es dort vielleicht viele schöne Frauen gibt? Damit drückt ein Mann seine Leidenschaft dafür aus, sich nach hübschen Frauen umzuschauen und diese im Idealfall sogar anzusprechen. Das wäre zwar eine recht weit hergeholte Assoziation, aber dafür eine ganz reizvolle.

Sicherlich nicht gerade bekömmlich ist jedenfalls die Frage an die Bewohner von

Luderfing

Weiler, Stadt Eggenfelden, Landkreis Rottal-Inn, Niederbayern

ob es in ihrer Ortschaft auch Boxenluder gebe. Seit der Begriff zu Beginn des 21. Jahrhunderts aus der Formel Eins in den allgemeinen Sprachgebrauch übergegangen ist, mag man den Ortsnamen vielleicht damit in Verbindung bringen. Doch – wie sollte es auch anders sein – weit gefehlt!

1425 hieß der Ort noch *Ludolfing* und weist damit eindeutig auf den Personennamen *Ludolf* hin. Das germanische Bildungselement *-ing* drückt immer irgendeine Art von Zugehörigkeit aus – meistens, jedenfalls bei Ortsnamen in Bayern, zu der Person, die im ersten Teil des Ortsnamens genannt wird, wie hier *Ludolf*. Und weil man ja in der Mundart quasi immer so spricht, wie einem der Schnabel gewachsen ist, also den einfachsten Weg der Ausdrucksform wählt, ist die unbetonte Mittelsilbe *-ol-* zunächst zu einem sogenannten *-a*-ähnlichen Reduktionsvokal geworden, der 1545 schließlich erstmals mit *-er-* wiedergegeben wird, sodass die heutige Ortsnamensform *Luderfing* entstand. Auch bei

Ludersheim
Dorf, Stadt Altdorf bei Nürnberg, Landkreis Nürnberger Land, Mittelfranken

hilft es, den Ortsnamen mal laut auszusprechen. Wenn das die Ludersheimer selbst tun, dann hört sich das an wie *Loudersham*, wobei das *-ou-* sich im dortigen Dialektgebiet aus mittelhochdeutsch *-uo-* entwickelt hat, wohingegen in der neuhochdeutschen Standardsprache dafür ein langes *-ū-* steht (vergleiche etwa mittelhochdeutsch *bruoder*, das sich zu (früh)neuhochdeutsch *Bruder* entwickelte). Ja, hier spielen mal wieder einzelne, vom Laien als vielleicht unbedeutend eingestufte Buchstaben eine große Rolle! Damit wären wir schon beim Erstbeleg von 1129 *Lŏdirishaim*. Aus diesem Beleg lässt sich herauslesen, dass die heutige erste

Wer wissen will, was sich hinter dem mittelfränkischen Ortsnamen Ludersheim verbirgt, muss akribisch auf einzelne Buchstaben achten ...

Assoziation bezüglich dieses Ortsnamens doch gar nicht mal so falsch ist. Denn mittelhochdeutsch *luoder* mit den Bedeutungen (u. a.) ›Verlockung; Schlemmerei, lockeres Leben‹ kann als Bei- bzw. Spottname für eine Person stehen, die ein ziemlich lockeres Leben führt (vergleiche auch

179

mittelhochdeutsch *luoder-kneht* ›ein lockeres Leben führender Knecht‹). So ein Luder!

Fehlt jetzt noch, das Grundwort mittelhochdeutsch *heim* zu erklären, das die Bedeutungen ›Haus, Wohnsitz, Heim, Heimat‹ trägt – das war einfach. Ursprünglich hat dem Ort Ludersheim also schon eine Art von Luder seinen Namen verpasst, wenn es ursprünglich auch eher männlich und vielleicht ja auch ein dem Genuss sehr zugetaner Mensch war. Das geht ja noch! Aber jetzt wird's richtig peinlich:

Petting

Pfarrdorf, Landkreis Traunstein, Oberbayern

Was machen wohl die Leute, die in Petting wohnen? Na ja, ist jetzt im Grunde genommen nicht so wichtig. Viel wichtiger dagegen die Beantwortung der sich unweigerlich aufdrängenden Frage: Kommt dieser delikate Ortsname wirklich von der ersten Assoziation, die man hier einfach unfreiwillig haben muss?

Die ältesten Belegformen 1048 *Petingun* und 1060–1065 *Pettingin* sowie 1151–1167 *Pettingen* machen deutlich, dass es sich bei dem Ortsnamen ursprünglich um eine *-ing*-Ableitung (siehe *Luderfing*) von dem althochdeutschen Personennamen *Petto* handelt. Die Endung *-un* hat sich später zu *-en* entwickelt und ist im Beleg *Petting* von 1351 bereits ausgefallen. Hier liegt also mal wieder ein Dativ Plural vor, der einen Örtlichkeitsbezug im Sinne von ›bei …‹ anzeigt, sodass sich als ursprüngliche Bedeutung für den Ortsnamen *Petting* ›bei den Leuten, die zu einer

Person namens *Petto* gehören‹ ergibt. Und weil wir schon gerade bei den etwas unmanierlicheren Ortsnamen sind, die sich – wie wir ja längst gesehen haben – zumeist gar nicht als so schlimm herausstellen, machen wir gleich mutig weiter bei

Poppendorf
Dorf, Markt Pretzfeld, Landkreis Forchheim, Oberfranken

das ähnlich dem *Petto* auf eine männliche Person namens *Poppo* zurückgeht, dessen Name sich im mittelhochdeutschen Genitiv Singular zu *Poppen-* (›des *Poppo*‹) verwandelt. Bereits 1373 ist das entsprechende Dorf im Landkreis Forchheim als *Poppendorf* historisch bezeugt. Hätte Poppo allerdings auf die schönste Nebensache der Welt verzichtet, würde es vielleicht heute den Ort gar nicht mehr geben, weil es keine Einwohner mehr gäbe – aber darüber sollen sich die Ethnologen mal besser weitere Gedanken machen. Ein Poppo oder Boppo gab auch der Ortschaft

Poppenhausen
Pfarrdorf, Landkreis Schweinfurt, Unterfranken

ihren Namen, was aus entsprechenden historischen Belegformen wie *Boppenhausen* von 1256 (Kopie von 1517) oder *Popenhusen* von 1291 zweifelsfrei nachvollzogen werden kann. Das Grundwort *-hausen* geht zurück auf einen mittelhochdeutschen Dativ Plural auf *-en* zu *hūs* für ›Haus,

Gebäude, Wohnung, Hütte‹, sodass sich für den Ortsnamen als ursprüngliche Bedeutung so viel wie ›bei den Häusern, die nach einer Person namens *Poppo* oder *Boppo* benannt wurden‹ ergibt. *Poppo* oder *Boppo* war im Mittelalter ein sehr beliebter Name. Ganz so wie heute noch der *Pepperl* oder *Sepp* für den *Josef.* Auch für den Ortsnamen

Poppenreuth
Dorf, Gemeinde Kammerstein, Landkreis Roth, Mittelfranken

war ein Poppo Namensgeber. Das Grundwort *-reuth* (-*th* ist lediglich eine frühneuhochdeutsche Schreibvariante für *-t*) rührt von mittelhochdeutsch *riute* (sprich: *rüte*) her und meint ein ›Stück Land, das durch Rodung urbar gemacht wurde‹. Andere typische mittelalterliche Rodungsnamen enden u. a. auf *-ried, -rieth, -rod(e)* oder *-schlag.*
Nachdem es den Ortsnamen *Poppenreuth* in Mittelfranken und der Oberpfalz je zwei Mal sowie in Oberfranken und Niederbayern je ein Mal gibt, haben sich die Poppos im Mittelalter also in ganz Bayern breitgemacht und waren als Ortsnamengeber offenbar überall beliebt – auch in

Poppenzell
Einöde, Stadt Viechtach, Landkreis Regen, Niederbayern

Die Herkunft und Bedeutung des Grundwortes *-zell* verdient hier unsere besondere Aufmerksamkeit: Lateinisch *cella* ›Kammer, Wirtschaftskammer, Vorratskammer‹ wur-

de ins Althochdeutsche als *cella* ›Zelle, Kloster, Kammer‹
bzw. *zella* ›Kammer, Zelle‹ übernommen. Im Mittelhoch-
deutschen sind für *zelle* die Bedeutungen ›Wohngemach,
Kammer, Zelle; kleines Nebenkloster, Klostergut‹ bezeugt.
An Orten, die auf *-zell* enden, wohnten entweder einst
Mönche, die von ihrem Mutterkloster aus dort die Felder
bestellten oder die Gegend rodeten, oder hier stand ein
Wirtschaftshof in geistlichem oder auch weltlichem Besitz.
Denn für die *-zell*-Orte im Bayerischen Wald nördlich von
Pfaffmünster lässt sich nachweisen, dass hier von einem
Zusammenhang mit einem Kloster nicht mehr die Rede
sein kann. Vielmehr gründeten die Ministerialen der
Domvögte von Regensburg und Grafen von Windberg-
Bogen im 11. Jahrhundert diese Orte. *Poppenzell* ist also
höchstwahrscheinlich keine klösterliche Siedlungsgrün-
dung gewesen, sondern die Einöde war ursprünglich wohl
ein weltlicher Wirtschafts- bzw. Zellhof, der nach seinem
Begründer, Besitzer oder Bewohner namens *Poppo* benannt
wurde.
Der Ortsname

Tittenkofen

Dorf, Gemeinde Fraunberg, Landkreis Erding, Oberbayern

lässt schlichtweg nur eine einzige Assoziation zu. Doch hier
dürfte die Enttäuschung ebenfalls groß sein, denn wiederum ist eine Person für die Namensgebung zuständig gewesen, noch dazu wohl eine männliche, und zwar eine namens *Tuto*, worauf u. a. die historische Ersterwähnung

Tutinchoua in einer Freisinger Traditionsnotiz von 1027 hinweist. Das -*c*- steht hier für -*g*- und das -*u*- für -*v*- mit dem Lautwert *f*, sodass eine ursprüngliche Zusammensetzung des vom Personennamen *Tuto* abgeleiteten -*ing*-Namens (siehe *Luderfing*) *Tuting* mit dem althochdeutschen Grundwort *hofa* (›Höfe‹) erkennbar wird. Die unbetonte Mittelsilbe -*in*- wird im Mittelhochdeutschen lauthistorisch ganz regulär zu -*en*- abgeschwächt. Das -*u*- dürfte dann auch schon den Lautwert eines -*ü*- – bewirkt durch das nachfolgende -*i*- in *Tutinc*- – gehabt haben (vergleiche hierzu auch die Belegform *Tütnkouen* von 1482), das in der bairischen Mundart – wie bereits an anderer Stelle erwähnt – als -*i*- gesprochen wird, was die heutige Belegform *Tittenkofen* (so seit 1752) erklärt.

Das Grundwort -*kofen* wiederum ist als »Kontamination« (so nennt sich der sprachwissenschaftliche Fachausdruck), das heißt als eine Art »Verschmelzung« von -*ing* (›gehörig zu‹) und -*hofen* (Dativ Plural zu -*hof* im Sinne von ›bei den Höfen‹) zu deuten. *Tittenkofen* bezeichnete also ursprünglich die Siedlung ›bei den Höfen der Leute, die zu einer Person namens *Tuto* gehören‹.

Alles in allem entpuppt sich die derbe Seite der Bayern doch als recht menschlich – jedenfalls bei der sprachwissenschaftlichen Analyse der vermeintlich recht delikat anmutenden Ortsnamen.

Die Bayern und a
g'scheiter Schmarrn

Manchmal wird auch in Bayern nicht nur ein köstlicher Kaiserschmarrn verzehrt, sondern ein g'scheiter Schmarrn verzapft. Will heißen: Da hat einer über zwei Mass intus und erzählt bierernst und frei heraus, was sein Hirn so alles hergibt. Bei manchen kommt jedoch auch ohne ein Promille und zwar schlichtweg aus Überzeugung ein solcher Schmarrn heraus, dass man sich nur wundern kann. Ob das eine oder andere auch auf die Entstehung folgender Ortsnamen zutrifft? Wir versuchen, der Sache auf den Grund zu gehen.

Oder was fällt Ihnen denn zu

Dederles
Weiler, Gemeinde Seeg, Landkreis Ostallgäu, Schwaben

ein? Namenkundlich lässt sich feststellen: Der Ortsname ist ganz und gar kein Schmarrn! Der Name kommt nämlich von einer Genitivform auf -(*e*)*s* des schwäbischen Bewohner- bzw. Familiennamens *Täderler* bzw. dessen Verkleinerungsform *Täderlīn*, die beide bereits im hochstiftischen Urbar von 1366 in Füssen belegt sind. Der Familienname *Täderler*, *Däderle* wiederum leitet sich her von

185

schwäbisch *däderen* ›rasch und eintönig sprechen‹ – also waren die Täderlers bzw. Täderlins ursprünglich wohl ganz schöne Plappermäuler oder man hat sie zumindest für solche gehalten. Diese Ortsnamensdeutung lässt sich aus den historischen Belegformen u. a. 1434 *P. H. auß dem Däderlis*, 1533 *im Täderlis*, 1594 *zum Dederlinß*, 1650 *Dederleß* und 1696 *in Dederles* sprachwissenschaftlich erschließen. Im Schweizerdeutschen existieren heute noch die Verben *däderen, däderlen, täderen, täderlen* für ›hastig und viel nacheinander schwatzen, plauderhaft sein‹ und im Schwäbischen entsprechend *datteren* für ›plappern‹. Ganz schön verdattert könnten Sie sein, wenn Sie nach

Goimenen
Einöde, Gemeinde Seeg, Landkreis Ostallgäu, Schwaben

kommen. Da kann man sich ebenfalls überhaupt nichts darunter vorstellen. Doch im schwäbischen Raum Isny ist der Familienname *Gaumann, Gäumann, Geumann* seit 1390 nachzuweisen und wird 1421 auch in der weiblichen Form *Göwmaennin* geschrieben. Mit weiblichen Namen auf *-in* wurden früher häufig landwirtschaftliche Wiesen bezeichnet. Es dürfte sich beim Ortsnamen *Goimenen* also ursprünglich um einen Flurnamen für eine bestimmte Wiese handeln. Das bestätigen auch die historischen Belege wie u. a. um 1480 *Gomainin von der Langen eckg*, 1504 *Lanngenegg Schafitel von der Gömënnin*, 1673 *Goimänne* sowie 1793 *Goimene*. Die Wiese wurde einst als weiblich angesehen und daher hier als »(Gäu-)Männin« bezeichnet. Bei

Guglmucken

Weiler, Gemeinde Falkenberg, Landkreis Rottal-Inn, Niederbayern

hingegen ist auf den ersten Blick überhaupt keine geschlechtliche Zuordnung möglich. Kommt der Ortsname vielleicht von *Guglhupf?* Nein, das können wir so nicht bestätigen. Unter *Gugl* verstand man auf Bairisch ursprünglich eine ›Kappe bzw. Kapuze‹ und *-muck*, das ist einfach die bairische Kurz- oder Koseform von *Nepomuk*. Derjenige, der Guglmucken seinen Namen gab, der (oder einer seiner Vorfahren) hatte seinen Beinamen offenbar deswegen erhalten, weil er irgendeine besondere Beziehung zu Kappen bzw. Kapuzen hatte (z. B. als Träger, Hersteller oder Händler solcher Kopfbedeckungen) und zugleich den Kosenamen *Muck* trug. Die Dativ-Endung *-en*, die auch schon im Beleg *Guglmuckhen* von 1597 überliefert ist, lässt auf eine Bedeutung ›bei einer Person namens *Guglmuck*‹ schließen. Aber dieser Deutungsansatz ist noch nicht endgültig gesichert, zumal ältere Belegformen in Archiven bislang noch nicht ausfindig gemacht werden konnten.

So ein Schmarrn, mögen Sie jetzt vielleicht denken! Und damit wären wir auch schon in

Schmarnzell

Dorf, Markt Altomünster, Landkreis Dachau, Oberbayern

angelangt und erfahren endlich, woher *Schmarn-* kommt: nicht von *Schmarrn (v)erzählen*, *Schmarrn verzapfen* oder *Kaiserschmarrn essen*, sondern vermutlich von einem Personennamen **Smärigo*, worauf u. a. die historischen Belegformen *de Smergincelle* von 1283 und *Smaergencell* von 1330 hindeuten. Das Ortsnamengrundwort *-zell* kennen Sie ja bereits von *Poppenzell*, sodass *Schmarnzell* ursprünglich den ›Wirtschaftshof (in geistigem oder weltlichem Besitz) einer Person namens **Smärigo*‹ bezeichnet haben dürfte, da die historischen Quellen für diesen Ort keinerlei Hinweise auf eine dortige Klosterfiliale liefern.

Nur wie wird denn bitte aus *Smergincelle* im Lauf der Zeit *Schmarnzell*? Mittelhochdeutsch *sm-* entwickelt sich zum Neuhochdeutschen hin gemäß aller Regeln der Sprachwissenschaft zu *schm-* (vergleiche etwa auch mittelhochdeutsch *smalz*, das zu (früh)neuhochdeutsch *Schmalz* wird). Und weil über die Jahrhunderte hinweg unbetonte Nebensilben abgeschwächt wurden bzw. ganz wegfielen, entwickelte sich *Smergincelle* ganz den Gesetzen der Lauthistorie entsprechend über 1420 *Smergenzell*, 1464 *Schmerenczell* zu 1538 *Schmärnzell*. Die *-e-* und *-ä*-Schreibungen realisieren in der Schrift einen Umlaut *ä*, der durch das *-i-* in der Folgesilbe im althochdeutschen Personennamen **Smarigo* entstanden ist. Später (siehe 1597 *Schmarnzell*) wird dieses *ä* in der Schreibung nicht mehr gekennzeichnet, da es in der bairischen Mundart als helles *a* ausgesprochen wird.

Also ganz und gar kein Schmarrn, diese Herleitung des Ortsnamens *Schmarnzell*, genauso wie diejenige des Ortsnamens

Umundum

Einöde, Gemeinde Fridolfing, Landkreis Traunstein, Oberbayern

Das ist ja ebenfalls ein ganz ausgefallener oberbayerischer Ortsname, der bereits 1612 in seiner heutigen Form überliefert ist, dann 1832 als *Um und Um* verstanden wurde, bevor er 1868 wieder zu seiner Ausgangsform zurückkehrte. Den entscheidenden Hinweis für die Deutung dieses ungewöhnlichen Ortsnamens liefern die geografischen Gegebenheiten vor Ort, was auch Ortskundige durch mündliche Überlieferungen früherer Generationen heute noch bestätigen können. Das Anwesen der Einöde liegt nämlich am Fuße einer Hangkante und wird *um und um*, also von drei Seiten (Süden, Norden, Osten) von der Götzinger Ache, einem Abfluss des Waginger Sees, der später in die Salzach mündet, in einer größeren Schleife umspült. Früher war das Anwesen deswegen auch hochwassergefährdet. Selbst der Ortsname

Xyger

Einöde, Markt Altomünster, Landkreis Dachau, Oberbayern

macht Sinn, sofern man der mittelhochdeutschen und bairischen Sprache mächtig ist. 1464 ist der Ort überliefert als *Zyger*, 1466 als *Xsyger*, 1552 als *Xiger* und 1599 als *Gsiger*. Erst seit Anfang des 19. Jahrhunderts ist die heutige Schreibung *Xyger* bezeugt.

Mittelhochdeutsch-bairisch war *der G(e)siger* einer, der an einem sumpfigen Ort wohnt bzw. an einem Ort bei oder in einer Senke, die sich mit Wasser füllt. Diese Personenbezeichnung leitet sich her von mittelhochdeutsch **gesic*, einer Sammelbezeichnung für einen ›Ort, wo Wasser versiegt‹, für einen ›Sumpf‹, womöglich auch für einen ›Teich‹ (vergleiche althochdeutsch *gisig* ›Pfuhl, Pfütze, Sumpf, Teich‹), bzw. von bairisch *das Gesig* oder *Gsig* für ›Sumpf‹ oder ›Bergrinne, wohin die Gewässer ablaufen‹ oder auch für eine ›Senke, worin sich stehendes Wasser ansammelt‹.

Dass der Ortsname heute mit einem *X-* für *Gs-* geschrieben wird, erklärt sich schon allein dadurch, dass *x* auch heute noch für die Lautverbindung *ks* bzw. *gs* steht. Die Schreibungen mit *-y-* sind klassische frühneuhochdeutsche Schreibvarianten für *-i-*. Frühere *Z*-Schreibungen des Ortsnamens lassen sich durch eine Art »Zusammenwachsen« mit der Präposition *zu* (›bei/an‹) verständlich machen: *zu Gesiger* (›beim Gesiger‹) wird dadurch zu **Zgsiger* und schließlich zu *Zyger* bzw. *Ziger* (siehe Beleg *Zigerhof* von 1523). Denkbar wäre aber auch eine Anlehnung an bzw. Eindeutung von bairisch *der Ziger*, eine Bezeichnung für ›die festere, aus den geronnenen Molken gewonnene Masse, Topfen‹. Möglicherweise diente diese Bezeichnung im Bairischen früher auch als ein Bei- bzw. Übername für Milchbauern.

Das war zum Schluss ja noch einmal ein schöner Rundumschlag! Und damit sind wir nun auch schon am

Ende
Einöde, Gemeinde Deisenhausen, Landkreis Günzburg, Schwaben

dieses Buches angelangt. Und deshalb nur noch eine Namensdeutung, nämlich die des schwäbischen Ortsnamens *Ende*. Der Name dieses Einödhofes scheint ziemlich jung zu sein, ist er doch erstmals erst 1712 als Bewohner- bzw. Besitzername *Schlachter Johann … von Oberbleichen* historisch erwähnt. 1815 ist ein *Schlachter Valentin metzger und würth an der strahs* an dem Ort bezeugt, 1835 heißt der Hof *beim Enderbauern* (Eigentümer *Valentin Schlachter*) und 1844 schließlich *Ende* (Einöde bei Oberbleichen).

Die Einöde, ein Gasthaus, liegt am Ende des Kirchdorfes Oberbleichen an der Straße nach Krumbach. Die Flurgrenze gegen Krumbach ist nicht weit davon entfernt. Die Bevölkerung nennt die Einöde heute noch nach dem früheren Besitzer- bzw. Bewohnernamen *beim schlachtr*. Beachtenswert ist, dass noch 1815 Gewerbe- und Familienname übereinstimmen, dass also der Herr Schlachter auf dem Hof tatsächlich von Beruf noch Metzger war. Heute stimmen solche eigentlichen Berufsnamen mit dem tatsächlichen Beruf der Personen, die diesen Namen tragen, in den allermeisten Fällen nicht mehr überein. So kann Herr Metzger heute Arzt sein oder Frau Koch Pilotin usw.

Alles in allem und nachdem sich unser Buch ganz drastisch dem Ende entgegenneigt, kommen wir also nun unweigerlich zum Schluss und zu der Feststellung: Die Bayern können wirklich stolz sein auf ihre Ortsnamen. Entbehren viele Namen doch nicht des typisch bayerischen Hintersinns. In den 111 Analysen der ausgewählten kuriosen Ortsnamen in Bayern hat sich gezeigt, dass meist nichts so ist, wie es zunächst scheint. Oder anders ausgedrückt: Ein Ortsname in Bayern verhält sich mitunter so wie ein waschechter Bayer, der nach außen vielleicht ruppig wirken mag, im Kern seines Wesens jedoch völlig anders ist, nämlich sympathisch und zugänglich – was sich aber erst dann entpuppt, wenn man dem Ganzen behutsam auf den Grund gegangen ist. Genauso entschleiert erst die sprachwissenschaftliche Analyse den wahren Gehalt eines Ortsnamens, seine ursprüngliche Herkunft und Bedeutung.

Mittlerweile ist jeder Ortsname in Bayern zwar akribisch katalogisiert. Solche Veränderungen, wie sie sich bei vielen Ortsnamen in den letzten Jahrhunderten vollzogen haben, können heutzutage nicht mehr stattfinden. Aber entschlüsselt sind bei Weitem noch nicht alle Ortsnamen, wenn man sich mal bewusst macht, dass der Freistaat so viele Ortsnamen zu bieten hat wie kein anderes deutsches Bundesland. Abertausende Ortsnamen in Bayern warten also noch auf ihre sprachwissenschaftliche Deutung. Und den Bewohnern von Orten mit schwierig auszusprechenden oder kurios anmutenden Namen wie zum Beispiel *Grausensdorf* oder *Gruselsberg* im niederbayerischen Landkreis Freyung-Grafenau entgehen damit interessante Informationen, warum ihr Ort vor vielen Jahrhunderten gerade diesen Namen verpasst bekommen hat, was seine ursprüngliche Bedeutung war bzw. was sich dort vor langer Zeit zugetragen hat. Die Bewohner unserer 111 hier vorgestellten Orte kennen die Wahrheit schon!

Durch das Labyrinth der Namenforschung

Ein Einblick in die Arbeit professioneller Namenforscher

Susanne Franke: *Stefan, was fasziniert dich an der Namenforschung?*

Stefan Hackl: Die Namenforschung ist ein sehr abwechslungsreiches Fachgebiet. Man sitzt hier als Geisteswissenschaftler nicht nur hinter seinen Büchern, sondern muss oft weg vom Schreibtisch in Bibliotheken oder Archive gehen, um historische Namenschreibungen zusammenzutragen, zum Beispiel in Diözesanarchiven oder in Staatsarchiven. Bei jeder Ortsnamendeutung ist es notwendig, erst einmal historische Schreibungen des Namens zu sammeln, weil man bei der sprachwissenschaftlichen Analyse zunächst immer von den ältesten Schreibformen und nicht von der heutigen Namensform ausgehen muss. Je nach Recherche-Ergebnis ist es eventuell zusätzlich noch notwendig, die jeweiligen Ortschaften persönlich aufzusuchen und bei alteingesessenen Bewohnern nach der Mundartform des Ortsnamens zu fragen. Erst auf dieser Basis lassen sich dann nach einer bestimmten sprachwissenschaftlichen Methodik, die man beherrschen muss, Ortsnamenanalysen vornehmen. Außerdem gefällt mir, dass sich für die Namenforschung als Teil der Sprachwissenschaft, die ja für den Laien normalerweise recht schwer vermittelbar ist, auch viele Laien interessieren, weil sie sich mit Namen identifizieren können. Sie kommen von selbst auf uns zu und fragen nach, woher bestimmte Namen kommen und ob wir sie erklären können. Die Namenforschung ist also eine wissenschaftliche Disziplin, die sehr praxisorientiert ist. Hinzu kommt noch, dass Namen historisch gewachsen sind und damit stets auch ein Stück unserer Kulturgeschichte verkörpern, zu deren Erforschung wir mit unseren Namendeutungen beitragen.

Susanne Franke: *Also ohne Fachkenntnisse komme ich offenbar nicht weit, oder?*

Stefan Hackl: Um wirklich zuverlässige Ergebnisse zu bekommen, solltest du ein sprachwissenschaftliches Fachstudium absolviert haben. Da sind wir uns innerhalb der Forschergruppe NAMEN der Universität Regensburg einig. Im Internet etwa tummeln sich viele laienhafte »Namenforscher«, die keine wissenschaftlich fundierten Namendeutungen liefern können, weil ihnen die Fachkenntnisse dazu fehlen. Von solchen Leuten wollen und müssen wir Sprachwissenschaftler uns definitiv abgrenzen. Natürlich ist die Arbeit, die zum Beispiel auch Heimatforscher oder Kreisheimatpfleger leisten, wenn sie zur Historie eines Ortes oder auch zu einem Ortsnamen recherchieren, sehr wichtig und wertvoll. Doch hier ist auch der Austausch mit uns Experten von großer Bedeutung. Denn es kommt nicht selten vor, dass sich rund um die Herkunft und Bedeutung eines Ortsnamens falsche Namenerklärungen oder gar Legenden gebildet haben, die sich tief in die Köpfe der Bewohner eingebrannt haben und so von vielen Leuten als tatsächlich zutreffend angesehen werden. Solche falschen Namendeutungen sollten dann nach einer eingehenden wissenschaftlichen Untersuchung korrigiert und nicht mehr weiterverbreitet werden. Wir Sprachwissenschaftler können, wenn wir ausreichend historische Quellen für den jeweiligen Ortsnamen zur Verfügung haben, den Namenerklärungen fachlich auf den Grund gehen – und unter Umständen kommen wir zu einem völlig anderen, allerdings wissenschaftlich abgesicherten Ergebnis.

Susanne Franke: *Das heißt also, fachkundig durchgeführte Namenforschung bedeutet auch viel Aufwand und Arbeit?*
Stefan Hackl: Durchaus. Es kommt immer auf den Namen an und auf die historischen Quellen, die dazu noch vorhanden sind. Allein die Quellen zusammenzusuchen für die Belegsammlung kann schon sehr mühevoll sein. In manchen Fällen habe ich für einen einzigen Namen in über 30 verschiedenen historischen Verzeichnissen oder Urkunden geblättert. Aber ich möchte auch betonen, dass das alles sehr viel Freude macht – vor allem, wenn überraschende Ergebnisse herauskommen, so wie bei den 111 kuriosen bayerischen Ortsnamen in unserem Buch.

Susanne Franke: *Wie viele Ortsnamen gibt es eigentlich in Bayern?*
Stefan Hackl: Um diese Frage zu beantworten, wirft man am besten einen Blick in das Amtliche Ortsverzeichnis für Bayern, in dem alle offiziellen Ortsnamen erfasst sind, die es im Freistaat gibt. Das sind immerhin rund 40 000 Namen – vom schwäbischen Aach im Allgäu in der Gemeinde Oberstaufen im Landkreis Oberallgäu bis hin zum nie-

derbayerischen Zwölfling in der Gemeinde Thyrnau im Landkreis Passau.

Susanne Franke: *40 000 Ortsnamen allein in Bayern – so viele?*
Stefan Hackl: Ja, das hängt auch mit der historisch gewachsenen Siedlungsstruktur in Bayern zusammen, die durch eine hohe Streuung gekennzeichnet ist. Hier gibt es beispielsweise relativ viele Einzel- bzw. Einödhöfe, die alle einen eigenen Namen erhalten haben. In Baden-Württemberg ist das zum Beispiel ganz anders. Dort findet man vergleichsweise wenige solcher Einzel- bzw. Einödsiedlungen, sondern eine sehr viel größere Siedlungskonzentration, sodass es in manchen baden-württembergischen Landkreisen »nur« 150 Ortsnamen gibt, während es in Bayern schon mal über 1000 in einem Landkreis sein können.

Susanne Franke: *Dann wirst du ja dein Leben lang zu tun haben. Oder wie lange dauert es, bis du bei einem Ortsnamen zu einem wissenschaftlich fundierten Ergebnis kommst?*
Stefan Hackl: Das lässt sich nicht pauschal beantworten. Bei manchen Ortsnamen kommt man mit etwas Erfahrung und den notwendigen Belegen relativ schnell auf den richtigen Dreh. Es gibt jedoch auch viele Ortsnamen, mit denen man sich tage- oder gar wochenlang immer und immer wieder beschäftigt. Man arbeitet ja zunächst die Siedlungsgeschichte auf und geht von den historischen Belegschreibungen aus, die wirklich zuverlässig sein müssen. In der Regel gab es zur Zeit der Erstbesiedlung eines bayerischen Ortes im Mittelalter dort geistliche und/oder auch weltli-

che Besitzungen. Also wird man häufig schon in historischen Quellen fündig, die der entsprechenden klösterlichen bzw. weltlichen Herrschaft zugeordnet werden können. Frühe Quellen für Ortsnamen in Bayern können zum Beispiel auch Papst- oder Kaiser- bzw. Königsurkunden sein, in denen oftmals kirchliche bzw. weltliche Besitzungen samt den jeweiligen Ortsnamen bestätigt werden. Eine Papsturkunde wurde allerdings meist in der päpstlichen Kanzlei ausgestellt und eine Kaiser- bzw. Königsurkunde in der zuständigen weltlichen Kanzlei, also normalerweise weit entfernt von Bayern und dem hiesigen Dialekt. Da konnten dann besonders leicht Fehler passieren, wenn der Schreiber irgendeine Vorlage zur Abschrift genommen hat oder den Namen auch einfach nur vorgesprochen bekam und ihn dann so aufschrieb, wie er ihn gerade verstanden hatte.

Susanne Franke: *Also kann die ursprüngliche Bedeutung, die dem Ortsnamen einst zugedacht war, im Lauf der Zeit verloren gehen?*

Stefan Hackl: Das ist sogar relativ häufig der Fall. Oft wurde von den Schreibern, die ja immer Gelehrte waren, in Ortsnamen auch ein ihnen besonders geläufiges bzw. bekanntes Wort hineininterpretiert und der Name auch in der Schreibung dementsprechend verfälscht. Die Auswertung solcher Belegformen für die Namendeutung kann dann unter Umständen ziemlich zeitaufwendig sein. Bei anderen Quellen wie Kirchenbüchern ist zwar ebenfalls Vorsicht und Skepsis geboten, doch sind die Verfälschungen hier weniger willkürlich und folgen gewissen Konventionen, die sprachwissenschaftlich bereits relativ gut erforscht sind. Pfarrbücher beispielsweise stammen in der Regel aus der Region, häufig direkt aus der örtlichen Pfarrei und sind daher in Bezug auf Ortsnamenschreibungen recht zuverlässig. In solchen Büchern findet man oft Direktnachweise von Ortsnamen, die der damaligen Aussprache der Namen im Ortsdialekt sehr nahe kommen. Das sind dann aber meist auch sehr viel jüngere und damit für die Deutung von Ortsnamen oft nicht mehr so aussagekräftige Quellen im Vergleich zu den mittelalterlichen Überlieferungen aus der Frühzeit der jeweiligen Ortschaften. Die Pfarrbücher nämlich setzen erst ab dem 16. Jahrhundert ein. Wir Namenforscher sind bei der Belegsammlung sehr kritisch und schauen am liebsten in den Originalquellen nach, weil für uns sehr wichtig ist, dass eine wirklich zeichengenaue Wiedergabe des Namens vorliegt.

Susanne Franke: *Die historischen Quellen, in denen die Ortsnamen einst aufgeschrieben wurden, sind also das A und O für den Namenforscher?*

Stefan Hackl: Ja, das ist richtig. Aber manchmal kommt man trotzdem auf keinen grünen Zweig. Man muss sich auch mal vor Augen führen: Was wir heute an historischen Belegen, die Grundlage einer jeden Namendeutung sind, zur Verfügung haben, ist bei jedem Ortsnamen mehr oder weniger Zufall. Viele Urkunden oder andere schriftliche Dokumente sind ja in irgendwelchen Kriegswirren oder etwa auch bei Klosterbränden vernichtet worden. Bei manchen Ortsnamen ist die Beleglage daher besser, bei manchen schlechter. Die Ortsnamendeutung wird umso schwieriger, je später die historische Belegreihe einsetzt, wenn der Ortsname beispielsweise erst im 14. oder 15. Jahrhundert erstmals bezeugt ist. Da kann vorher lautlich und besonders in der Schreibung schon so viel Unabwägbares passiert sein, was man aus den relativ spät überlieferten Namenformen nicht mehr so ohne Weiteres erschließen kann. Dies führt unweigerlich zu Unsicherheiten bei der Namenerklärung, sodass man für die Herkunft und Bedeutung solcher Ortsnamen meist mehrere Möglichkeiten in Betracht ziehen muss.

Susanne Franke: *Wenn du ein Ergebnis hast, ist das dann eindeutig oder bleibt Namenforschung – wie das in der Wissenschaft häufiger der Fall ist – eher eine Annäherung, also relativ vage?*
Stefan Hackl: Das hängt im Wesentlichen sowohl von der Zuverlässigkeit und Aussagekraft der historischen Belegschreibungen und der Mundartform eines Namens ab als auch davon, wie sehr ich die Entstehung eines Ortsnamens rekonstruieren muss, wie sehr ich nur mit Annahmen arbeiten oder wie sehr ich mit lauthistorischen Regeln und Tatsachen argumentieren kann. Je mehr Annahmen mit hereinspielen, desto vager wird das Ganze.

Susanne Franke: *Das klingt nach spannender Detektivarbeit.*
Stefan Hackl: Mit die spannendsten Fälle sind für uns diejenigen, bei denen in der bisherigen orts- bzw. regionalgeschichtlichen oder auch namenkundlichen Forschung Unsicherheit geherrscht hat, woher ein bestimmter Ortsname wohl kommen mag, und wir Namenforscher dann

mithilfe unserer modernen wissenschaftlichen Forschungs-
methodik eine eindeutige Erklärung abgeben können. So
ist mir das zum Beispiel bei dem Ortsnamen *Viechtach* im
niederbayerischen Landkreis Regen gelungen. In den Hei-
matbüchern und in der namenkundlichen Literatur gab es
hier bislang zwei unterschiedliche Meinungen: Der Ortsname sei entweder als ursprüngliche Bezeichnung für eine
bestimmte Stelle als althochdeutsch **fioht-ahi* im Sinne
von ›Ort, wo es viele Fichten gibt‹ zu deuten oder aber
als ursprünglicher Gewässername althochdeutsch **fioht-
aha* im Sinne von ›(Siedlung an/bei einem) Bach/Fluss, der
von Fichten umgeben ist‹.
Bei meinen Nachforschungen bin ich dann auf Urkunden-
belege aus dem 14. Jahrhundert gestoßen, die eindeutig
beweisen, dass der heute *Riedbach* genannte Fluss, der bei
der Stadt Viechtach in den Schwarzen Regen mündet, früher *Viechtach* hieß. Mit diesem Belegfund, aber auch anhand von laut- und schriftgeschichtlichen Gesetzmäßigkei-
ten konnte ich die erste Deutungsmöglichkeit ausschließen
und somit beweisen, dass dieser Ortsname *Viechtach* auf
einen ursprünglichen Flussnamen zurückzuführen ist, der
auf die Siedlung am Mündungsort übertragen wurde – ein
in der Ortsnamenforschung häufig belegtes Phänomen der
Namenübertragung von einem Gewässer auf eine nahe
gelegene Siedlung.

Susanne Franke: *Aber wie bist du dir so sicher, dass deine
Analyse stimmt und nicht doch die andere?*
Stefan Hackl: Das kann ich zusätzlich noch mit meiner
sprachwissenschaftlichen Analyse des Namens untermau-

ern, die zwar auf den ersten Blick recht kompliziert, aber sehr logisch nachvollziehbar ist: Wenn der Ortsname *Viechtach* nämlich tatsächlich auf eine Stellenbezeichnung althochdeutsch **fioht-ahi* ›Ort, wo es viele Fichten gibt‹ zurückgehen würde, müsste man unter den historischen Belegschreibungen des Namens auch verschiedene *-ä*-Schreibungen wie **Viechtæch* oder **Viechtǎch* etc. vorfinden, da das *-i-* in dem Namensbestandteil *-ahi-* lautgesetzlich einen Umlaut des vorausgehenden *-a-* zu *-ä-* bewirken hätte müssen. Das hätte sich normalerweise dann auch in einigen historischen Schriftbildern des Ortsnamens ablesen lassen müssen. Nicht weit von Viechtach entfernt liegt der Ort Pirka. In der Belegreihe von Pirka finden sich zahlreiche *-ä*-Schreibungen wie etwa *Pirkæch* aus dem 13. Jahrhundert. Das bezeugt, dass das *-a* am Ende der heutigen Ortsnamensform *Pirka* auf althochdeutsch *-ahi* zurückzuführen ist und der Name somit als ›Ort, wo es viele Birken gibt‹ bzw. ›Birkenwald‹ zu deuten ist. Dieser Umlaut von *a* zu *ä* ist später aber sowohl in der Aussprache als auch in der Schreibung nicht mehr erkennbar, da sich das auslautende *-äch* zu einem *a*-ähnlichen Laut abschwächt. Beim Ortsnamen *Viechtach* allerdings sind in der Belegreihe überhaupt keine Schreibungen für *ä* zu erkennen und das Gewässernamengrundwort *-aha* ist hier auch direkt in Belegformen bezeugt. Also muss bei *Viechtach* auch aus sprachwissenschaftlicher Sicht im zweiten Namensteil *-ach*, ursprünglich althochdeutsch *aha* für ›(fließendes) Wasser, Fluss‹, und damit ein Gewässername zugrunde liegen, bei dem dann auch kein Umlaut *-ä-* in späteren Belegschreibungen zu erwarten ist. Eine Schwierigkeit bei der Deutung von Ortsnamen in Bayern, die heute auf *-ach* bzw. *-a* enden, besteht oftmals darin, dass dieses heutige *-ach* bzw. *-a* sowohl auf althochdeutsch *-ahi* für eine Stellenbezeichnung als auch auf althochdeutsch *-aha* für einen Gewässernamen zurückgehen kann. Hier muss man bei jedem einzelnen Namen sehr genau analysieren, welche Herleitung jeweils zutrifft.

Susanne Franke: *Das ist wirklich nur was für Experten mit entsprechender Fachkompetenz. Es gibt aber auch Fälle, bei denen du selbst Kollegen befragst?*

Stefan Hackl: Wenn es Unsicherheiten bei der Deutung eines Namens gibt, muss man auch Kollegen aus anderen Forschungsdisziplinen fragen und sich so vorantasten – Historiker zum Beispiel, die sich mit den auf den Ort bezogenen historischen Quellen gut auskennen, oder Regionalgeografen, die zur historischen Bodenbeschaffenheit an dem Ort etwas sagen können, oder Slawisten, die wiederum fremdsprachliche Kenntnisse in die Deutung mit einfließen lassen können. Manche Ortsnamen sind beispielsweise aus Gewässernamen hervorgegangen oder weisen auf ein Gewässer an dem Ort hin. Findet man an dem Ort heutzutage aber kein Gewässer mehr, so muss man prüfen, ob hier möglicherweise ein Gewässer versickert sein könnte. Oder man muss auch mal bei Archäologen nachfragen, wenn man zum Beispiel auf einen vermutlich keltischen Ortsnamen stößt, um sich zu vergewissern, ob es in der Gegend auch keltische Funde gibt, um die Namendeutung zu bekräftigen oder gegebenenfalls auch neu zu hinterfragen.

Susanne Franke: *Und du gehst mitunter auch in die jeweilige Ortschaft und befragst Alteingesessene nach der Aussprache des Ortsnamens im Dialekt?*

Stefan Hackl: Aus der authentischen Mundartform lässt sich manchmal mehr herauslesen als aus schriftlich überlieferten Namenbelegen, die in der Schreibung zum Teil extreme künstliche Veränderungen erfahren haben. Schreiber können einen Ortsnamen im Laufe der Jahrhunderte derart verfälscht haben, dass der tatsächliche Ursprung nur sehr schwer oder überhaupt nicht mehr nachvollziehbar ist. In solchen Fällen kann man aus der heutigen Lautgestalt in der Mundart den Ortsnamen quasi wieder rückwärts nachverfolgen, wenn man die historischen Lautgesetze des Ortsdialekts kennt und richtig anwendet.

Susanne Franke: *Wie kannst du aber sichergehen, dass die Bewohner aus dem Ort dir das Richtige erzählen?*

Stefan Hackl: Bei Leuten, die dort schon immer gewohnt haben und zeit ihres Lebens nur wenig mit der neuhochdeutschen Standardsprache in Berührung gekommen sind (zum Beispiel bei landwirtschaftlich tätigen Menschen), kann man da ziemlich sicher sein. Einmal allerdings hatte ich bei meiner Feldforschung ein älteres Ehepaar vor mir, das sich ganz und gar nicht einig war, welche nun die richtige Mundartform des Ortsnamens sei. Es stellte sich heraus, dass die beiden in einem dialektalen Übergangsgebiet wohnten und die Frau ursprünglich aus einer anderen Ecke des Landkreises stammte. So spricht man an einem Ort den Namen manchmal ganz anders aus als an einem anderen, der nur zwei Kilometer entfernt liegt. Das sind dann die anderen Überraschungen, auf die man als Namenforscher so stößt.

Susanne Franke: *Und das zeigt ja auch unser Buch. Wenn man genau hinschaut, stellt sich oft heraus: Nichts ist, wie es scheint!*

Dank

Für zur Verfügung gestellte historische Belegformen und fachwissen-
schaftliche Hinweise zu diversen Ortsnamen gebührt unser herzlicher
Dank:
Josef Egginger (Winhöring)
Prof. Dr. Albrecht Greule (Forschergruppe NAMEN
     der Universität Regensburg)
Dr. Irmtraut Heitmeier (Reichersbeuern)
Dr. Wolfgang Janka (Forschergruppe NAMEN
     der Universität Regensburg)
Dr. Wolf-Armin Frhr. v. Reitzenstein (München)

Für fachliche Ratschläge bedanken wir uns ebenfalls ganz
herzlich bei:
Dr. Armin Bachmann (Bayreuth)
Prof. Dr. Martin Löhnig (Forschergruppe NAMEN
     der Universität Regensburg)
Prof. Dr. Martina Pitz (Lyon/Frankreich)
Mareike Reinhart (Regensburg)
Günter Schneeberger (München)
Martina Winner M. A. (Forschergruppe NAMEN
     der Universität Regensburg)
Prof. Dr. Ludwig Zehetner (Lappersdorf)

Unseren herzlichen Dank bekunden wir ferner folgenden Personen
für die Unterstützung bei der Recherche nach historischen Schrei-
bungen und Deutungen zu diversen Ortsnamen bzw. für geschicht-
liche und aktuelle Informationen:
Josef Acher (Gemeinde Bayrischzell)
Rudolf Baier (München, Handwerkskammer für München
     und Oberbayern)
Matthias Blankenauer (Fridolfing)
Dieter Blechschmidt (Naila)

Wolfgang Dettendorfer (Gemeinde Rimsting)

Andreas Ebersperger (München)

Elisabeth Fellner (Gemeinde Brannenburg)

Edgar Findeiß (Stadt Naila)

Markus Friedl (Verwaltungsgemeinschaft Pleystein)

Georg Heindl (Landau a. d. Isar)

Ilse Herrndobler (Ergolding)

Rudolf Herwig (München)

Lieselotte Hinterstocker (Gemeinde Valley)

Georg Kloo (Kloo)

Prof. Dr. Ferdinand Kramer (München, Lehrstuhl für
    Bayerische Geschichte und Vergleichende Landesgeschichte
    mit besonderer Berücksichtigung der Neuzeit an der
    Ludwig-Maximilians-Universität München)

Prof. Dr. Wilhelm Liebhart (Altomünster)

Wolfgang Lösche (Dießen am Ammersee, Handwerkskammer
    für München und Oberbayern)

Martina Michel (Stadtarchiv Münchberg)

Xaver Mießlinger (Mantel, Gemeinde Hohenthann)

Hans Mirwald (Regensburg)

Heiko Pelzel (München)

Monika Puff (Markt Mantel)

Siegfried Ramsauer (Gemeinde Hohenthann)

Bartholomäus Rosenhuber (Verwaltungsgemeinschaft
    Steinkirchen)

Reinhard Roßmeier (Kulturamt Stadt Trostberg)

Sarah Schießl (Handschuh, Gemeinde Schöfweg)

Gerhard Schneider (Markt Ebensfeld)

Brigitte Scholz (Markt Sulzberg)

Anton Schweikl (Landau a. d. Isar)

Elisabeth Spitzenberger (Viechtach)

Eva Steininger (Gemeinde Feldkirchen-Westerham)

Alois Stockner (Reischach)

AndreasÜckermann (München)

Björn Willems (Waltenhofen)

Juliane Wörlein (Markt Dießen)

Für zur Verfügung gestellte Abbildungen und Fotos sind wir zu herzlichem Dank verpflichtet:

Hans Mirwald (Regensburg, www.geonom.org)
Margareta Werner und Josef Wittmann (Markt Mantel)
Dem Bayerischen Hauptstaatsarchiv München
Dem Staatsarchiv Bamberg
Dem Staatsarchiv Würzburg

Literatur- und Quellenverzeichnis

Verwendete Literatur

Anderson, Robert [u. a.] (Herausgeber): Frühneuhochdeutsches
  Wörterbuch. Bände 1 ff. Berlin/New York 1989 ff.
Bach, Adolf: Deutsche Namenkunde. 2 Bände. Heidelberg
  1952–1954.
Baufeld, Christa: Kleines frühneuhochdeutsches Wörterbuch.
  Lexik aus Dichtung und Fachliteratur des Frühneuhochdeutschen.
  Tübingen 1996.
Bayerische Landeszentrale für politische Bildungsarbeit (Heraus-
  geber): Freistaat Bayern. Die politische Wirklichkeit
  eines Landes der Bundesrepublik Deutschland. 4., überarbeitete
  Auflage. München 1986.
Bayerisches Landesamt für Statistik und Datenverarbeitung
  (Herausgeber): Amtliches Ortsverzeichnis für Bayern.
  Gebietsstand: 25. Mai 1987. München 1991 (= Beiträge zur
  Statistik Bayerns, Heft 450).
Bayerisches Staatsministerium der Finanzen (Herausgeber):
  Schlösserland Bayern. Die Schlösser, Gärten und Seen der
  Bayerischen Schlösserverwaltung. München [ohne Jahr].
Braune, Wilhelm: Althochdeutsche Grammatik. I. Laut- und
  Formenlehre. Bearbeitet von Ingo Reiffenstein. 15. Auflage.
  Tübingen 2004 (= Sammlung kurzer Grammatiken germanischer
  Dialekte, Reihe A, Band 5/1).
Brendler, Andrea/Brendler, Silvio (Herausgeber): Namenarten und
  ihre Erforschung. Ein Lehrbuch für das Studium der Onomastik.
  Hamburg 2004 (= Lehr- und Handbücher zur Onomastik,
  Band 1).
Debus, Friedhelm/Schmitz, Heinz-Günter: Überblick über
  Geschichte und Typen der deutschen Orts- und Landschaftsnamen.
  In: Besch, Werner [u. a.] (Herausgeber): Sprachgeschichte.

Ein Handbuch zur Geschichte der deutschen Sprache und ihrer Erforschung. 4. Teilband. 2., vollständig neu bearbeitete Auflage. Berlin/New York 2004 (= Handbücher zur Sprach- und Kommunikationswissenschaft, Band 2.4), S. 3468–3514.

Dollinger, Hans: Bayern. 2000 Jahre in Bildern und Dokumenten. Gütersloh 1979.

Ebner, Josef/Hanitzsch, Dieter: Gott mit dir, du Land der Bayern. Waldkirchen 2005.

Eichler, Ernst/Greule, Albrecht/Janka, Wolfgang/Schuh, Robert: Beiträge zur slavisch-deutschen Sprachkontaktforschung. Band 1: Siedlungsnamen im oberfränkischen Stadt- und Landkreis Bamberg. Heidelberg 2001 (= Slavica, Band 2); Band 2: Siedlungsnamen im oberfränkischen Stadt- und Landkreis Bayreuth. Heidelberg 2006 (= Slavica, Band 4).

Falter, Reinhard: Warum ist Bayern anders? Wambach 2001.

Fischer, Hermann/Pfleiderer, Wilhelm/Keller, Adelbert von: Schwäbisches Wörterbuch. 6 Bände. Tübingen 1904–1936.

Foitzick, Walter/Busse, Fritz: Bayern – erlebt und gesehen. München 1955.

Förstemann, Ernst Wilhelm: Altdeutsches Namenbuch. 2 Bände. Bonn 1900–1916. Nachdruck München 1966–1967.

Gemeinde Bernbeuren (Herausgeber): Bernbeuren. Aus der Geschichte unseres Dorfes. Bernbeuren 1995.

Georges, Karl Ernst: Ausführliches lateinisch-deutsches Handwörterbuch. 2 Bände. 13. Auflage. Nachdruck Hannover 1972.

Greule, Albrecht: Herkunft und Bedeutung der Ortsnamen. Zum Erscheinen des neuen »Lexikons bayerischer Ortsnamen«. In: Zeitschrift für bayerische Landesgeschichte 70 (2007), S. 613–620.

Greule, Albrecht: Siedlungsnamen. In: Brendler, Andrea/Brendler, Silvio (Herausgeber): Namenarten und ihre Erforschung. Ein Lehrbuch für das Studium der Onomastik. Hamburg 2004 (= Lehr- und Handbücher zur Onomastik, Band 1), S. 381–414.

Grimm, Jacob/Grimm, Wilhelm: Deutsches Wörterbuch. 16 Bände. Leipzig 1854–1960; Quellenverzeichnis 1971.

Grohsmann, Lore: Die Ortsnamen des Landkreises Friedberg in Schwaben. Dissertation maschinenschriftlich. München 1956.

Gütter, Adolf: Was bedeutet der Name des Ortes Nagel im Fichtelgebirge? In: Archiv für Geschichte von Oberfranken 77 (1997),
  S. 129–131.

Hackl, Stefan: Die ältesten Ortsnamen im Altlandkreis Viechtach.
  Untersuchungen zu ihrer Überlieferung, Herkunft und Bedeutung.
  In: Janka, Wolfgang/Prinz, Michael (Herausgeber): Beiträge zur
  bayerischen Ortsnamenforschung. Regensburg 2008 (= Regensburger Studien zur Namenforschung, Band 3), S. 9–182.

Heitmeier, Irmtraut: Studien zur Siedlungsgeschichte des ehemaligen
  Landgerichts Traunstein. Dissertation. München 1988.

Historischer Atlas von Bayern (HAB) [Reihe]. Herausgegeben
  von der Kommission für bayerische Landesgeschichte bei der
  Bayerischen Akademie der Wissenschaften. Bände 1 ff. München
  1950 ff.

Historisches Ortsnamenbuch von Bayern (HONB) [Reihe].
  Herausgegeben von der Kommission für bayerische Landesge-
  schichte bei der Bayerischen Akademie der Wissenschaften.
  Bände 1 ff. München 1951 ff.

Hofer, Angelika: Königswinkel. Wo Träume wahr werden.
  Steinfurt 2003.

Hofstetter, Ludwig: Über den Kirchenbau in Heiligkreuz. In: Der
  Heimatspiegel. Blätter für Heimatkunde und Heimatpflege.
  Beilage zum »Trostberger Tagblatt« und zum »Traunreuter
  Anzeiger«. Jahrgang 1973, Nummer 6 und 7.

Hubensteiner, Benno: Bayerische Geschichte. 3. Auflage.
  München 1999.

Huber, Franz M.: Unsere Tiere im alten Bayern. Eine Geschichte
  der Nutztiere. Pfaffenhofen 1988.

Huber, Reginald: Vom Adler bis zum Wolpertinger. Ein bairisches
  Bestiarium. Dachau 1994.

Jäger, Rudolf: Die Kiefer (*Pinus silvestris*) in bayerischen Ortsnamen.
  In: Bayerische Landesanstalt für Wald und Forstwirtschaft (Herausgeber): Beiträge zur Waldkiefer = LWF-Wissen Nr. 57. Freising
  2007, S. 79–86.

Janka, Wolfgang/Prinz, Michael (Herausgeber): Beiträge zur
  bayerischen Ortsnamenforschung. Regensburg 2008 (= Regensburger Studien zur Namenforschung, Band 3).

Jonas, Bruno: Gebrauchsanweisung für Bayern. 13. Auflage. München 2007.

Kaufmann, Henning: Ernst Förstemann. Altdeutsche Personennamen. Ergänzungsband. München/Hildesheim 1968.

Keller, Rudi: Sprachwandel. Von der unsichtbaren Hand der Sprache. 3. Auflage. Tübingen 2003.

Kluge, Friedrich: Etymologisches Wörterbuch der deutschen Sprache. Bearbeitet von Elmar Seebold. 24., durchgesehene und erweiterte Auflage. Berlin/New York 2002.

Kohlheim, Rosa/Kohlheim, Volker: DUDEN. Familiennamen. Herkunft und Bedeutung. Mannheim [u.a.] 2005.

Kosler, Barbara/Krauß, Irene: Die Brez'n. Geschichte & Geschichten. München 1993.

Koß, Gerhard: Namenforschung. Eine Einführung in die Onomastik. 3., aktualisierte Auflage. Tübingen 2002.

Kranzmayer, Eberhard: Historische Lautgeographie des gesamtbairischen Dialektraumes. Wien 1956.

Kunze, Konrad: dtv-Atlas Namenkunde. Vor- und Familiennamen im deutschen Sprachgebiet. 5., durchgesehene und korrigierte Auflage. München 2004.

Kürzinger, Martina: Waldnamen – Waldteilnamen – Hausnamen. Typologische Untersuchungen zur Mikrotoponymie am Beispiel der Gemarkung Kasing (Landkreis Eichstätt). In: Janka, Wolfgang/Prinz, Michael (Herausgeber): Beiträge zur bayerischen Ortsnamenforschung. Regensburg 2008 (= Regensburger Studien zur Namenforschung, Band 3), S. 261–370.

Lexer, Matthias: Mittelhochdeutsches Handwörterbuch. 3 Bände. Leipzig 1872–1878. Nachdruck Stuttgart 1979.

Liebhart, Wilhelm (Herausgeber): Altomünster. Kloster, Markt und Gemeinde. Altomünster 1999.

Maas, Herbert: Mausgesees und Ochsenschenkel. Kleine nordbayerische Ortsnamenkunde. Nürnberg 1969.

Markt Mantel (Herausgeber): Markt Mantel. Geschichte und Geschichten über die Entstehung unseres Ortes. Mantel 2001.

McCormack, Richard W. B.: Tief in Bayern. München 2008.

Neureuther, Josef: Häuserchronik der Altgemeinde Wollomoos. Aus dem Nachlass herausgegeben und ergänzt von Johann

Steinhardt. Mit einer Einleitung von Prof. Dr. Wilhelm Liebhart. Wollomoos 2009.

Paul, Hermann: Mittelhochdeutsche Grammatik. Überarbeitet von Peter Wiehl und Siegfried Grosse. 24. Auflage. Tübingen 1998 (= Sammlung kurzer Grammatiken germanischer Dialekte, Reihe A, Band 2).

Pfeifer, Wolfgang/Braun, Wilhelm: Etymologisches Wörterbuch des Deutschen. 3 Bände. Berlin 1989.

Pfeifer, Wolfgang: Etymologisches Wörterbuch des Deutschen. 8. Auflage. München 2005.

Piendl, Max: Die Grafen von Bogen. Genealogie, Besitz und Herrschaftsgeschichte. Kapitel I–III. In: Jahresbericht des historischen Vereins für Straubing und Umgebung 55 (1952), S. 25–82, 56 (1953), S. 9–88, 57 (1954), S. 25–79.

Prinz, Michael: Regensburg – Straubing – Bogen. Studien zur mittelalterlichen Namenüberlieferung im ostbayerischen Donauraum. Teil 1: Unkomponierte Namen. München 2007 (= Materialien zur bayerischen Landesgeschichte, Band 20/1).

Raith, Peter: Geschichte von Wittibreut. Band 1. Wittibreut 2008.

Reichmann, Oskar/Wegera, Klaus-Peter: Frühneuhochdeutsche Grammatik. Tübingen 1993 (= Sammlung kurzer Grammatiken germanischer Dialekte, Reihe A, Band 12).

Reitzenstein, Wolf-Armin Frhr. v.: Die Siedlungsnamen der Gemeinde Rimsting. Was Ortsnamen über frühe Zeiten berichten. In: Waibel, Josef (Herausgeber): Rimsting. Heimatbuch der Chiemseegemeinde. Rimsting 1992.

Reitzenstein, Wolf-Armin Frhr. v.: Grundherrschaftliche Frauennamen in bayerischen Ortsnamen. In: Blätter für oberdeutsche Namenforschung 34/35 (1997/1998), S. 24–60.

Reitzenstein, Wolf-Armin Frhr. v.: Lexikon bayerischer Ortsnamen. Herkunft und Bedeutung: Oberbayern, Niederbayern, Oberpfalz. München 2006.

Reitzenstein, Wolf-Armin Frhr. v.: Lexikon bayerischer Ortsnamen. Herkunft und Bedeutung. 2., verbesserte und erweiterte Auflage. München 1991.

Reitzenstein, Wolf-Armin Frhr. v.: Lexikon fränkischer Ortsnamen.

Herkunft und Bedeutung: Oberfranken, Mittelfranken, Unterfranken. München 2009.

Reitzenstein, Wolf-Armin Frhr. v.: Ortsnamen mit *Lut-/Lud-* in
Bayern. In: Sborník rozprav k sedmdesátým narozeninám univ.
prof. PhDr. Ivana Luttera, CSc. Uspořádali a recenzovali Libuše
Olilová-Nezbedová, Rudolf Šrámek a Milan Harvalík. Praha 2000
(= Onomastické práce 4), S. 412–420.

Renn, Manfred/König, Werner: Kleiner Bayerischer Sprachatlas.
München 2006.

Rosenegger, Josef: Brannenburg/Degerndorf, Chronik und
Dokumentation der Gemeinde Brannenburg. Brannenburg 1990.

Ruscheinsky, Dagmar/Meier, Hanno: Regensburg. Regensburg 1997.

Schmeller, Johann Andreas: Bayerisches Wörterbuch. 2 Bände.
Neudruck der von G. Karl Frommann bearbeiteten 2. Ausgabe
München 1872–1877. München 1985.

Schnetz, Joseph: Flurnamenkunde. 3., unveränderte Auflage.
München 1997.

Schützeichel, Rudolf (Herausgeber): Althochdeutscher und altsächsi-
scher Glossenwortschatz. 10 Bände. Tübingen 2004.

Schweizerisches Idiotikon. Wörterbuch der schweizerdeutschen
Sprache. Bände 1 ff. Frauenfeld 1881 ff.

Stadt Ansbach (Herausgeber): Ansbach Stadtansichten.
Ansbach 1997.

Stedje, Astrid: Deutsche Sprache gestern und heute. 6. Auflage.
Paderborn 2007.

Steinberger, Ludwig: Ortsnamenkuriosa aus Ober- und Nieder-
bayern. In: Die ostbairischen Grenzmarken. Monatsschrift des
Instituts für ostbairische Heimatforschung in Passau 17 (1928),
S. 185–191, 219–228, 244–246.

Stockner, Alois: Die Ortsnamen im Landkreis Altötting und ihre
Deutung von A–Z. Altötting 2001.

Tiefenbach, Heinrich: Furtnamen und Verwandtes. In: Tiefenbach,
Heinrich: Von Mimigernaford nach Reganespurg. Gesammelte
Schriften zu altsächsischen und althochdeutschen Namen. Heraus-
gegeben von Albrecht Greule und Jörg Riecke. Regensburg 2009
(= Regensburger Studien zur Namenforschung, Band 6),
S. 133–162.

Vocke, Helmut (Herausgeber): Geschichte der Handwerksberufe.
  2 Bände. Waldshut/Baden 1959/1960.
Waibel, Josef: Rimsting. Heimatbuch der Chiemseegemeinde.
  Rimsting 1992.
Wallner, Eduard: Altbairische Siedelungsgeschichte. In den Ortsna-
  men der Ämter Bruck, Dachau, Freising, Friedberg, Landsberg,
  Moosburg und Pfaffenhofen. München/Berlin 1924.
Wallner, Eduard: Die Ortsnamen des Bezirksamtes Aichach.
  Erschienen als Beilage zum Aichacher Amtsblatt 3 (1927/1928).
Wells, John C. (Herausgeber): Althochdeutsches Glossenwörterbuch.
  Einschließlich des von Taylor Starck begonnenen Glossenindexes.
  Heidelberg 1990 (= Germanische Bibliothek, Reihe 2).
Zehetner, Ludwig: Bairisches Deutsch. Lexikon der deutschen
  Sprache in Altbayern. Regensburg 2005.

Verwendete Internetquellen

www.ammergauer-alpen.de (Stand: 01.07.2009)
www.br-online.de (Stand: 11.01.2009)
www.roeckl.de (Stand: 16.08.2009)
www.statistik.bayern.de (Stand: 26.06.2009)
www.schloesser.bayern.de (Stand: 26.01.2009)
www.wikipedia.de (Stand: 02.02.2009)

Sonstige Quellen

Munzinger-Biografie-Datenbank (Eintrag zu »Eckart Witzigmann«)

Abbildungsverzeichnis

S. 22 (*Etwashausen*): Auszug aus der Urkunde Nr. 382 von 1189 des Bestandes »Bamberger Urkunden« im Staatsarchiv Bamberg. Abdruck mit freundlicher Genehmigung des Staatsarchivs Bamberg.

S. 65 (*Pups*): Auszug aus dem Bestand »Klosterliteralien Schliersee Nr. 6/II« (Blatt 30') aus dem 14. Jahrhundert im Bayerischen Hauptstaatsarchiv München. Abdruck mit freundlicher Genehmigung des Bayerischen Hauptstaatsarchivs.

S. 76 (*Mantel*): Abbildung »Wappen Markt Mantel«. Abdruck mit freundlicher Genehmigung der Gemeinde Markt Mantel (1. Bürgermeister Josef Wittmann).

S. 119 (*Bayern*): Auszug aus der Urkunde Nr. 29 von 1176–1180 (Kopie des 13. Jahrhunderts) des Bestandes »Klosterurkunden Raitenhaslach« im Bayerischen Hauptstaatsarchiv München. Abdruck mit freundlicher Genehmigung des Bayerischen Hauptstaatsarchivs.

S. 170 (*Seelig*): Auszug aus dem Bestand »Lehenbuch 1« (Blatt 102) von ca. 1304 (Kopie von 1358). Abdruck mit freundlicher Genehmigung des Staatsarchivs Würzburg.

Fotos S. 31 (*Schabernack*), S. 42 (*Hundessen*), S. 72 (*Handschuh*), S. 83 (*Hausmann*), S. 95 (*Rumgraben*), S. 111 (*Train*), S. 133 (*Wüstensaal*), S. 138 (*Gottesberg*), S. 154 (*Katzenhirn*) und S. 179 (*Ludersheim*): Hans Mirwald, Regensburg.

Ortsnamenregister

Die fett gedruckten Ortsnamen werden im Buch auf der Grundlage einer eingehenden sprachwissenschaftlichen Analyse gedeutet. In Bayern existieren manchmal jedoch mehrere gleichlautende Ortsnamen, bei denen das gleiche Analyseergebnis zutreffen kann, aber nicht muss. Für eine wissenschaftlich fundierte Deutung eines jeden einzelnen dieser gleichlautenden Ortsnamen müssen zuallererst die zum jeweiligen Ort gehörigen historischen Belege gesammelt und untersucht werden, was den Rahmen dieses Buches bei Weitem sprengen würde. Daher werden die gleichlautenden Ortsnamen, für die noch keine historischen Belege und noch keine Deutung vorliegen, im folgenden Register in nicht fett gedruckter Schrift lediglich mit einem kurzen Deutungsvermerk (»vermutlich mit gleicher Deutung« oder »bislang ohne Deutung«) der Vollständigkeit halber angeführt.

Aha   S. 18
Pfarrdorf, Stadt Gunzenhausen, Landkreis Weißenburg-Gunzenhausen, Mittelfranken

Allerheiligen   S. 136
Weiler, Gemeinde Warngau, Landkreis Miesbach, Oberbayern
Vermutlich mit gleicher Deutung:
Weiler mit Kirche, Markt Jettingen-Scheppach, Landkreis Günzburg, Schwaben

Antenfressen   S. 36
Weiler, Gemeinde Halsbach, Landkreis Altötting, Oberbayern

Antwort   S. 20
Kirchdorf, Markt Bad Endorf, Landkreis Rosenheim, Oberbayern

Bayern S. 118
Dorf, Gemeinde Staudach-Egerndach, Landkreis Traunstein,
Oberbayern

Bellen S. 91
Weiler, Gemeinde Rettenberg, Landkreis Oberallgäu, Schwaben

Bierdorf S. 37
Dorf, Markt Dießen am Ammersee, Landkreis Landsberg am
Lech, Oberbayern

Bischof S. 136
Weiler, Gemeinde Soyen, Landkreis Rosenheim, Oberbayern

Bürstenstiel S. 82
Einöde, Gemeinde Bernbeuren, Landkreis Weilheim-Schongau,
Oberbayern

Busendorf S. 173
Dorf, Markt Rattelsdorf, Landkreis Bamberg, Oberfranken

Dederles S. 185
Weiler, Gemeinde Seeg, Landkreis Ostallgäu, Schwaben

Donau S. 122
Einöde, Gemeinde Marquartstein, Landkreis Traunstein,
Oberbayern

Elend S. 62
Einöde, Gemeinde Perasdorf, Landkreis Straubing-Bogen,
Niederbayern
Vermutlich mit gleicher Deutung:
Einöde, Gemeinde Wiesenfelden, Landkreis Straubing-Bogen,
Niederbayern
Weiler, Stadt Wasserburg am Inn, Landkreis Rosenheim, Oberbayern
Weiler, Gemeinde Griesstätt, Landkreis Rosenheim, Oberbayern
Einöde, Stadt Roding, Landkreis Cham, Oberpfalz

Einöde, Gemeinde Michelsneukirchen, Landkreis Cham, Oberpfalz
Elend bei Woppmannsdorf
Einöde, Gemeinde Michelsneukirchen, Landkreis Cham, Oberpfalz

Ende   S. 191
Einöde, Gemeinde Deisenhausen, Landkreis Günzburg, Schwaben

Etwashausen   S. 21
Stadtteil, Große Kreisstadt Kitzingen, Landkreis Kitzingen, Unterfranken

Eulen   S. 150
Einöde, Markt Sulzberg, Landkreis Oberallgäu, Schwaben

Ficker   S. 174
Einöde, Gemeinde Unterneukirchen, Landkreis Altötting, Oberbayern

Fischen im Allgäu   S. 92
Pfarrdorf, Landkreis Oberallgäu, Schwaben

Froschlacke   S. 151
Einöde, Stadt Teublitz, Landkreis Schwandorf, Oberpfalz

Goimenen   S. 186
Einöde, Gemeinde Seeg, Landkreis Ostallgäu, Schwaben

Goldhasen   S. 151
Weiler, Gemeinde Rückholz, Landkreis Ostallgäu, Schwaben

Gottesberg   S. 137
Weiler, Gemeinde Altenthann, Landkreis Regensburg, Oberpfalz
Bislang ohne Deutung:
Einöde, Stadt Bogen, Landkreis Straubing-Bogen, Niederbayern
Weiler, Markt Lupburg, Landkreis Neumarkt in der Oberpfalz, Oberpfalz

Großscherzhausen   S. 25
Weiler, Markt Waging am See, Landkreis Traunstein,
Oberbayern

Guglmucken   S. 187
Weiler, Gemeinde Falkenberg, Landkreis Rottal-Inn,
Niederbayern

Handschuh   S. 71
Weiler, Gemeinde Schöfweg, Landkreis Freyung-Grafenau,
Niederbayern

Hausmann   S. 83
Dorf, Gemeinde Inzell, Landkreis Traunstein, Oberbayern
Bislang ohne Deutung:
Einöde, Stadt Rottenburg an der Laaber, Landkreis Landshut,
Niederbayern

Heiligkreuz   S. 138
Pfarrdorf, Stadt Kempten (Allgäu), Landkreis Kempten
(Allgäu), Schwaben
Pfarrdorf, Stadt Trostberg, Landkreis Traunstein,
Oberbayern
Vermutlich mit gleicher Deutung:
Kirchdorf, Gemeinde Wartmannsroth, Landkreis Bad Kissingen,
Unterfranken

Heimat   S. 123
Dorf, Gemeinde Dasing, Landkreis Aichach-Friedberg,
Schwaben

Herrgottswinkel   S. 141
Einöde, Gemeinde Rimsting, Landkreis Rosenheim,
Oberbayern

Hexenagger   S. 164
Kirchdorf, Markt Altmannstein, Landkreis Eichstätt, Oberbayern

Himmelgarten S. 142
*Dorf, Stadt Röthenbach an der Pegnitz, Landkreis Nürnberger
Land, Mittelfranken*

Himmelreich S. 143
Einöde, Stadt Bad Kötzting, Landkreis Cham, Oberpfalz
*Weiler, Gemeinde Burgkirchen an der Alz, Landkreis Altötting,
Oberbayern*
Vermutlich mit gleicher Deutung:
Einöde, Gemeinde Bodenkirchen, Landkreis Landshut, Niederbayern
*Einöde, Gemeinde Saaldorf, Landkreis Berchtesgadener Land,
Oberbayern*
Einöde, Stadt Tittmoning, Landkreis Traunstein, Oberbayern
Dorf, Markt Lam, Landkreis Cham, Oberpfalz
Einöde, Gemeinde Traitsching, Landkreis Cham, Oberpfalz

Hirn S. 19
Einöde, Gemeinde Günzach, Landkreis Ostallgäu, Schwaben

Hölle S. 145
*Weiler, Gemeinde Pleiskirchen, Landkreis Altötting,
Oberbayern*
Vermutlich mit gleicher Deutung:
Dorf, Stadt Naila, Landkreis Hof, Oberfranken
Weiler, Gemeinde Neudrossenfeld, Landkreis Kulmbach, Oberfranken

Hopfen am See S. 40
Pfarrdorf, Stadt Füssen, Landkreis Ostallgäu, Schwaben
Vermutlich mit gleicher Deutung:
Hopfen
Weiler, Gemeinde Tuntenhausen, Landkreis Rosenheim, Oberbayern
Dorf, Gemeinde Stiefenhofen, Landkreis Lindau, Schwaben

Hundessen S. 42
Einöde, Markt Falkenstein, Landkreis Cham, Oberpfalz

Hunger   S. 43
Weiler, Stadt Betzenstein, Landkreis Bayreuth, Oberfranken

Katzenhirn   S. 153
Weiler, Stadt Mindelheim, Landkreis Unterallgäu, Schwaben

Kloo   S. 166
Einöde, Gemeinde Bayrischzell, Landkreis Miesbach,
Oberbayern

Korb   S. 74
Weiler, Gemeinde Breitenbrunn, Landkreis Unterallgäu,
Schwaben

Kotzendorf   S. 175
Dorf, Gemeinde Königsfeld, Landkreis Bamberg,
Oberfranken

Kotzheim   S. 176
Weiler, Gemeinde Ursensollen, Landkreis Amberg-Sulzbach,
Oberpfalz

Kümmel   S. 85
Dorf, Markt Ebensfeld, Landkreis Lichtenfels,
Oberfranken

Lachen   S. 28
Weiler, Gemeinde Halblech, Landkreis Ostallgäu, Schwaben
Vermutlich mit gleicher Deutung:
Dorf, Gemeinde Dießen am Ammersee, Landkreis Landsberg am Lech,
Oberbayern
Weiler, Stadt Immenstadt im Allgäu, Landkreis Oberallgäu, Schwaben
Dorf, Markt Nesselwang, Landkreis Ostallgäu, Schwaben
Kirchdorf, Landkreis Unterallgäu, Schwaben

Langwitz   S. 29
Dorf, Gemeinde Runding, Landkreis Cham, Oberpfalz

Linsen   S. 44
Weiler, Gemeinde Waltenhofen, Landkreis Oberallgäu,
Schwaben

Luderfing   S. 177
Weiler, Stadt Eggenfelden, Landkreis Rottal-Inn, Niederbayern

Ludersheim   S. 178
Dorf, Stadt Altdorf bei Nürnberg, Landkreis Nürnberger Land,
Mittelfranken

Mail   S. 104
Einöde, Gemeinde Brannenburg, Landkreis Rosenheim,
Oberbayern

Mailing   S. 105
Weiler, Stadt Ebersberg, Landkreis Ebersberg, Oberbayern
Bislang ohne Deutung:
Dorf, Markt Gangkofen, Landkreis Rottal-Inn, Niederbayern
Einöde, Markt Prien am Chiemsee, Landkreis Rosenheim, Oberbayern
Weiler, Gemeinde Tuntenhausen, Landkreis Rosenheim, Oberbayern
Stadtteil von Ingolstadt, Oberbayern

Malzhausen   S. 46
Dorf, Gemeinde Langenmosen, Landkreis Neuburg-
Schrobenhausen, Oberbayern
Weiler, Gemeinde Dasing, Landkreis Aichach-Friedberg,
Schwaben

Mantel   S. 76
Markt, Landkreis Neustadt an der Waldnaab, Oberpfalz
Vermutlich mit gleicher Deutung:
Einöde, Gemeinde Hohenthann, Landkreis Landshut, Niederbayern
Weiler, Gemeinde Bernhardswald, Landkreis Regensburg, Oberpfalz

Mausdorf   S. 155
Dorf, Markt Hahnbach, Landkreis Amberg-Sulzbach, Oberpfalz

Dorf, Markt Emskirchen, Landkreis Neustadt a. d. Aisch-Bad Windsheim, Mittelfranken

Motten S. 157
Pfarrdorf, Landkreis Bad Kissingen, Unterfranken

Nagel S. 78
Pfarrdorf, Landkreis Wunsiedel im Fichtelgebirge, Oberfranken
Dorf, Markt Küps, Landkreis Kronach, Oberfranken

Nagelringen S. 94
Einöde, Gemeinde Maierhöfen, Landkreis Lindau (Bodensee), Schwaben

Ochsenschenkel S. 47
Weiler, Markt Vestenbergsgreuth, Landkreis Erlangen-Höchstadt, Mittelfranken

Ofen S. 86
Weiler, Gemeinde Wald, Landkreis Ostallgäu, Schwaben
Vermutlich mit gleicher Deutung:
Einöde, Gemeinde Neufraunhofen, Landkreis Landshut, Niederbayern
Einöde, Markt Velden, Landkreis Landshut, Niederbayern
Einöde, Markt Arnstorf, Landkreis Rottal-Inn, Niederbayern
Einöde, Gemeinde Falkenberg, Landkreis Rottal-Inn, Niederbayern
Einöde, Markt Gangkofen, Landkreis Rottal-Inn, Niederbayern
Weiler, Markt Massing, Landkreis Rottal-Inn, Niederbayern
Einöde, Markt Schmidmühlen, Landkreis Amberg-Sulzbach, Oberpfalz

Paradies S. 145
Weiler, Große Kreisstadt Lindau (Bodensee), Landkreis Lindau (Bodensee), Schwaben
Vermutlich mit gleicher Deutung:
Einöde, Gemeinde Gerzen, Landkreis Landshut, Niederbayern
Einöde, Markt Teisendorf, Landkreis Berchtesgadener Land, Oberbayern
Einöde, Markt Rettenbach, Landkreis Unterallgäu, Schwaben

Petting S. 180
Pfarrdorf, Landkreis Traunstein, Oberbayern

Pfannstiel S. 87
Dorf, Gemeinde Frasdorf, Landkreis Rosenheim, Oberbayern

Pfifferling S. 49
Weiler, Stadt Rottenburg a. d. Laaber, Landkreis Landshut,
Niederbayern .

Pilsheim S. 48
Kirchdorf, Stadt Burglengenfeld, Landkreis Schwandorf,
Oberpfalz

Plöd S. 168
Weiler, Gemeinde Soyen, Landkreis Rosenheim, Oberbayern

Point S. 108
Einöde, Markt Teisendorf, Landkreis Berchtesgadener Land,
Oberbayern
Einöde, Gemeinde Perach, Landkreis Altötting, Oberbayern
Einöde, Gemeinde Marktl, Landkreis Altötting, Oberbayern
Einöde, Gemeinde Garching an der Alz, Landkreis Altötting,
Oberbayern
Vermutlich mit gleicher Deutung:
Einöde, Gemeinde Adlkofen, Landkreis Landshut, Niederbayern
Weiler, Gemeinde Jachenau, Landkreis Bad Tölz-Wolfratshausen,
Oberbayern
Weiler, Gemeinde Fischbachau, Landkreis Miesbach, Oberbayern
Dorf, Gemeinde Kreuth, Landkreis Miesbach, Oberbayern
Dorf, Gemeinde Waakirchen, Landkreis Miesbach, Oberbayern
Einöde, Gemeinde Ampfing, Landkreis Mühldorf am Inn, Oberbayern
Einöde, Markt Gars am Inn, Landkreis Mühldorf am Inn, Oberbayern
Einöde, Gemeinde Rimsting, Landkreis Rosenheim, Oberbayern
Einöde, Gemeinde Ruhpolding, Landkreis Traunstein, Oberbayern
Weiler, Gemeinde Seeon-Seebruck, Landkreis Traunstein, Oberbayern
Einöde, Gemeinde Unterwössen, Landkreis Traunstein, Oberbayern

Pommern S. 124
Dorf, Gemeinde Inzell, Landkreis Traunstein,
Oberbayern

Poppendorf S. 181
Dorf, Markt Pretzfeld, Landkreis Forchheim,
Oberfranken
Vermutlich mit gleicher Deutung:
Dorf, Markt Rattelsdorf, Landkreis Bamberg, Oberfranken
Pfarrdorf, Gemeinde Ahorntal, Landkreis Bayreuth, Oberfranken
Dorf, Gemeinde Heroldsbach, Landkreis Forchheim, Oberfranken

Poppenhausen S. 181
Pfarrdorf, Landkreis Schweinfurt, Unterfranken

Poppenreuth S. 182
Dorf, Gemeinde Kammerstein, Landkreis Roth,
Mittelfranken
Vermutlich mit gleicher Deutung:
Pfarrdorf, Stadt Fürth, Mittelfranken
Dorf, Stadt Münchberg, Landkreis Hof, Oberfranken
Dorf, Gemeinde Jandelsbrunn, Landkreis Freyung-Grafenau,
Niederbayern
Pfarrdorf, Stadt Waldershof, Landkreis Tirschenreuth, Oberpfalz
Poppenreuth bei Tirschenreuth
Dorf, Markt Mähring, Landkreis Tirschenreuth, Oberpfalz

Poppenzell S. 182
Einöde, Stadt Viechtach, Landkreis Regen, Niederbayern

Prag S. 125
Kirchdorf, Markt Hutthurm, Landkreis Passau,
Niederbayern

Prost S. 49
Einöde, Gemeinde Pleiskirchen, Landkreis Altötting,
Oberbayern

Prügel S. 63
Dorf, Gemeinde Altenkunstadt, Landkreis Lichtenfels,
Oberfranken

Pumpernudel S. 51
Einöde, Gemeinde Sankt Wolfgang, Landkreis Erding,
Oberbayern
Bislang ohne Deutung:
Pumpernudl
Weiler, Gemeinde Rudelzhausen, Landkreis Freising, Oberbayern

Pups S. 64
Einöde, Gemeinde Feldkirchen-Westerham, Landkreis Rosenheim,
Oberbayern

Quick S. 107
Einöde, Gemeinde Hohenpolding, Landkreis Erding, Oberbayern
Weiler, Gemeinde Burgkirchen an der Alz, Landkreis Altötting,
Oberbayern

Rausch S. 66
Weiler, Gemeinde Herrsching am Ammersee, Landkreis
Starnberg, Oberbayern
Bislang ohne Deutung:
Weiler, Gemeinde Surberg, Landkreis Traunstein, Oberbayern

Riding S. 109
Pfarrdorf, Gemeinde Fraunberg, Landkreis Erding,
Oberbayern

Rumgraben S. 94
Dorf, Gemeinde Bergen, Landkreis Traunstein,
Oberbayern

Sammarei S. 131
Kirchdorf, Markt Ortenburg, Landkreis Passau,
Niederbayern

Sauberg   S. 158
Weiler, Gemeinde Kirchanschöring, Landkreis Traunstein,
Oberbayern
Einöde, Gemeinde Pleiskirchen, Landkreis Altötting,
Oberbayern

Schabernack   S. 30
Einöde, Markt Schöllkrippen, Landkreis Aschaffenburg,
Unterfranken

Schafwaschen   S. 97
Weiler, Gemeinde Rimsting, Landkreis Rosenheim,
Oberbayern

Schlecht   S. 68
Einöde, Gemeinde Unterwössen, Landkreis Traunstein,
Oberbayern
Vermutlich mit gleicher Deutung:
Einöde, Markt Neubeuern, Landkreis Rosenheim, Oberbayern

Schmarnzell   S. 188
Dorf, Markt Altomünster, Landkreis Dachau, Oberbayern

Schnattern   S. 98
Weiler, Gemeinde Gestratz, Landkreis Lindau (Bodensee),
Schwaben
Einöde, Kreisfreie Stadt Kempten, Schwaben

Schnitzen   S. 99
Einöde, Markt Sulzberg, Landkreis Oberallgäu, Schwaben

Schuhlack   S. 88
Einöde, Gemeinde Emmering, Landkreis Ebersberg,
Oberbayern

Schwandorf   S. 158
Große Kreisstadt, Landkreis Schwandorf, Oberpfalz

Schweinersdorf S. 53
Pfarrdorf, Gemeinde Wang, Landkreis Freising, Oberbayern

Seelig S. 170
Dorf, Stadt Waischenfeld, Landkreis Bayreuth,
Oberfranken

Speck S. 54
Einöde, Gemeinde Altfraunhofen, Landkreis Landshut,
Niederbayern
Einöde, Gemeinde Reischach, Landkreis Altötting, Oberbayern
Weiler, Gemeinde Eurasburg, Landkreis Bad Tölz-Wolfrats-
hausen, Oberbayern
Vermutlich mit gleicher Deutung:
Weiler, Gemeinde Wittibreut, Landkreis Rottal-Inn, Niederbayern

Spiegel S. 89
Weiler, Gemeinde Wackersberg, Landkreis Bad Tölz-
Wolfratshausen, Oberbayern

Steinbeißen S. 100
Weiler, Stadt Landau an der Isar, Landkreis Dingolfing-Landau,
Niederbayern

Tabernackel S. 146
Dorf, Gemeinde Etzelwang, Landkreis Amberg-Sulzbach,
Oberpfalz

Tittenkofen S. 183
Dorf, Gemeinde Fraunberg, Landkreis Erding, Oberbayern

Train S. 110
Pfarrdorf, Landkreis Kelheim, Niederbayern

Türken S. 132
Einöde, Gemeinde Waltenhofen, Landkreis Oberallgäu,
Schwaben

Einöde, Stadt Geiselhöring, Landkreis Straubing-Bogen, Niederbayern
Weiler, Gemeinde Haibach, Landkreis Straubing-Bogen, Niederbayern
Dorf, Markt Mitterfels, Landkreis Straubing-Bogen, Niederbayern
Weiler, Markt Gars am Inn, Landkreis Mühldorf am Inn, Oberbayern
Einöde, Gemeinde Jetzendorf, Landkreis Pfaffenhofen an der Ilm, Oberbayern
Einöde, Markt Wolnzach, Landkreis Pfaffenhofen an der Ilm, Oberbayern
Weiler, Gemeinde Gstadt am Chiemsee, Landkreis Rosenheim, Oberbayern
Weiler, Stadt Scheßlitz, Landkreis Bamberg, Oberfranken
Dorf, Stadt Lichtenfels, Landkreis Lichtenfels, Oberfranken
Großweingarten
Pfarrdorf, Stadt Spalt, Landkreis Roth, Mittelfranken
Kleinweingarten
Dorf, Markt Pleinfeld, Landkreis Weißenburg-Gunzenhausen, Mittelfranken

Wien   S. 127
Einöde, Gemeinde Inzell, Landkreis Traunstein, Oberbayern

Witzigmänn   S. 32
Dorf, Gemeinde Sigmarszell, Landkreis Lindau (Bodensee), Schwaben

Wüstensaal   S. 133
Weiler, Stadt Münchberg, Landkreis Hof, Oberfranken

Wurmrausch   S. 160
Weiler, Gemeinde Birgland, Landkreis Amberg-Sulzbach, Oberpfalz

Xyger   S. 190
Einöde, Markt Altomünster, Landkreis Dachau, Oberbayern

*Die Bücher zur Kultserie auf Bayern 3
– kurzweilige Fakten, mit denen Sie auf
jeder Party glänzen!*

**Joachim Dangel: Warum haben wir Schwein,
wenn wir Glück haben?**

Wissen Sie, was eine Milchmädchenrechnung
ist, warum wir einen Korb geben und keine Ta-
sche oder warum Windräder immer drei Flügel
haben? Joachim Dangel erläutert unterhaltsam
die Herkunft von Sprichwörtern, deren Bedeutung jeder kennt, deren ursprünglicher Sinn aber
meist längst vergessen ist. Und er versammelt
Wissenswertes aus allen Bereichen des täglichen
Lebens, aus Wissenschaft und Technik.

136Seiten, ISBN 978-3-485-01119-8

Joachim Dangel: Fragen des Alltags

Joachim Dangel erzählt im zweiten Band der *Fragen
des Alltags*, warum uns der Magen knurrt und wir
bei Hitze nicht mehr denken können, wieso man
Störche brät, aber kein Hahn danach kräht oder
auch, woher Rosenmontag, Christbaumkugel und
Osterhase kommen.

136 Seiten, ISBN 978-3-485-01155-6

nymphenburger   www.nymphenburger-verlag.de

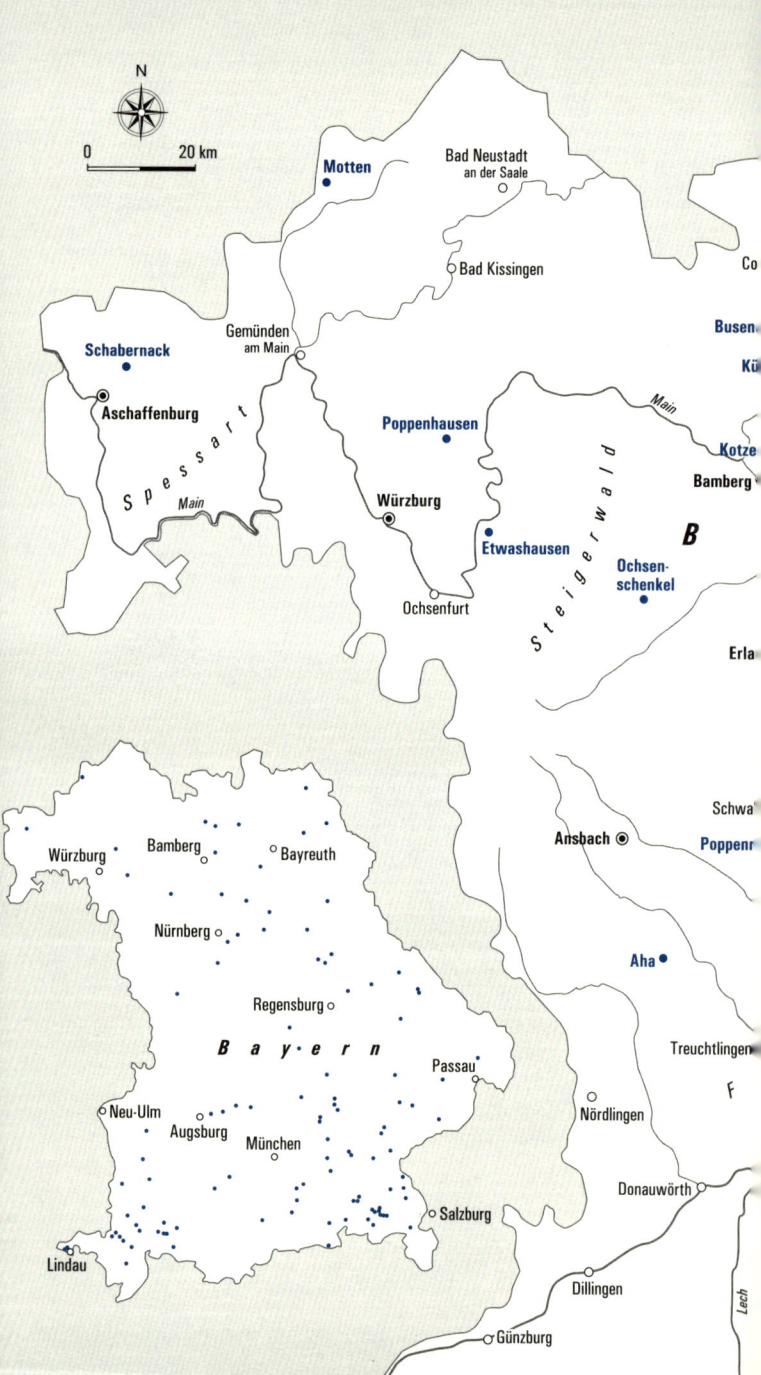